MOI, PHILOUSPORTS

Écrit avec la collaboration
de Mickaël Grall

hachette
PRATIQUE

Quel besoin de faire des conjectures, lorsqu'il t'est possible de voir ce qu'il faut faire et, si tu le distingues, de marcher vers ton but, paisiblement et sans regarder en arrière ; si tu ne le distingues pas, de t'arrêter et de recourir aux plus sages conseils.

Marc Aurèle, *Pensées pour moi-même*

On m'avait dit que ça ferait chic de mettre une citation.

Philou

#1

#MoiPhilou

J'ouvre les yeux. Check.
Je cligne des yeux. Check.
Je respire. Check.

C'est bon. Je suis là, encore là, dans le monde des vivants, à pouvoir profiter d'une journée de plus au cœur de l'humanité. Bon, pour le moment, le cœur de l'humanité, ce n'est que le plafond de ma chambre, qui ressemble à tous les plafonds de chambre : blanc, monocorde, ennuyeux. Mais je le vois, je peux en définir les contours, remarquer ici et là un détail, une craquelure, un accroc, une tâche. Quelle chance de pouvoir mater une fois de plus ce bon vieux plafond. Bon, je vous rassure, je ne suis pas dans le genre stoïque et contemplatif, et, au bout de quelques instants, je mets la main sur mon smartphone pour me reconnecter au monde. Tous les jours, j'envoie mes premières pensées – des mots simples, je ne suis pas Montaigne – à deux amies. Bien plus sympas que mon plafond, bien plus réelles, tellement plus vivantes aussi. Ces messages sont mes premiers actes sociaux de la journée. Vous descendez de votre lit, réveillez vos enfants ou vous faites un café en saluant ceux ou celles qui sont déjà debout, ou bien vous caressez votre chat, votre iguane ou marmonnez un « bonjour » à la vue de votre pote installé dans votre chambre depuis quelques semaines pour se remettre d'une nouvelle déception amoureuse ? Eh bien moi, je prends mon téléphone et tape quelques mots sur un écran, et, quelques secondes plus tard, je reçois en retour des petits messages qui me mettent en fonction « Marche » pour la journée.

En fond sonore, les voix familières des présentateurs de la *Matinale* de BFM m'accompagnent et achèvent de me réveiller. Une première plongée dans le monde, parfois brutale, pour me permettre de prendre connaissance en quelques instants des principales informations de la nuit et du début de matinée. Histoire aussi de ne pas commencer la journée sur les réseaux sociaux avec des blagues, un humour, un ton qui ne seraient pas appropriés au moment.

Une fois installé devant mes écrans, une autre vie commence pour moi : celle que certains connaissent, *via* les réseaux sociaux, où je parle de mes passions. Du sport, de la télévision, de l'actualité, de choses graves ou anodines, de coups de cœur (souvent) ou de coups de gueule (plus rarement), toujours avec bienveillance et si possible avec humour. Tout cela, vous vous en doutez, n'est que la partie visible de l'iceberg, cette infime partie de moi-même que je dévoile à tous le temps d'un tweet ou d'un message. Côté pile, c'est Philousports, un mec comme un autre, ou presque, la quarantaine (bien) passée, sa barbe, ses lunettes, un discret sourire accroché aux lèvres, une petite photo 3 x 3 cm, là-bas, en haut à gauche de votre écran. Côté face, c'est maintenant, ici, et ça commence à Marseille, au début des années 1970.

#2

#PetitPhilou #Naissance

« Il aurait mieux fait de mourir. » C'est ma grand-mère qui a prononcé cette phrase à ma naissance. Un cri du cœur. La complainte d'une femme meurtrie, qui avait été elle aussi mère. Cette grand-mère qui m'a tant chérie par la suite – un amour de grand-mère, vraiment –, et ces mots qui restent suspendus au-dessus de moi, Philippe, quelques heures au compteur seulement. Un enfant anormal, en 1971 ? Que va-t-on en faire ? Que va-t-il devenir ? C'était un appel au secours, comme un matelot qui jette une bouée à la mer, dans le noir, par temps de brouillard, pour sauver un malheureux passé par-dessus bord. C'étaient les mots du désespoir et du chagrin.

Les mots, pour un petit de quelques jours, ce n'est rien. Ce qui reste surtout dans l'inconscient d'un petit bonhomme, ce sont des gestes un peu plus rudes, une attention moins soutenue que pour les autres enfants, des regards fuyants. Les paroles, il y en a bien, oui, oh, pas nécessairement celles que l'on entend alors – on ne les retient pas à cet âge, enfin probablement pas de manière consciente –, mais celles que l'on nous rapporte ensuite, ou qu'on nous dit, pleine face, quelques années plus tard, quand les mots ont un sens, et qu'ils font mal. « Il aurait mieux fait de mourir. » Les mots de ma grand-mère, dans la bouche de ma mère, enlevés de leur contexte, voulaient faire mal.

Cette violence verbale fut dure à entendre, je mentirais si je prétendais le contraire, mais ces mots étaient en totale conformité avec le comportement maternel que, tous les jours, j'ai dû subir plus jeune. Elle était mère au foyer et avait une vingtaine d'années quand elle m'a eu. Son deuxième enfant. Je pense que, malgré tout, j'étais un enfant désiré : mes parents s'aimaient encore, c'était les Trente Glorieuses, et Josip Skoblar marquait but sur but dans le championnat de France de football. Que pouvait-il donc arriver à mes parents dans notre petit coin de Marseille ?

Oui, je suis marseillais (oh là, je vais vérifier mon nombre de *followers*, qui va baisser de moitié chez les Parisiens !). J'ai vu le jour en 1971, à l'hôpital Ambroise-Paré, dans le 6e arrondissement de la cité phocéenne. Un arrondissement dominé par Notre-Dame-de-la-Garde, à quelques encablures du Vieux Port, en plein cœur du centre de la ville. À Marseille, l'hôpital Ambroise-Paré, créé en 1875, était une institution qui a vu naître des milliers d'enfants et dont l'action envers les plus démunis des Marseillais était reconnue. Dans les années 2010, l'hôpital a fusionné avec un autre établissement et le site a progressivement été abandonné pour devenir un lieu de squat où on pouvait encore trouver les lits et du matériel laissés sur place au moment du déménagement. Aujourd'hui, le lieu a été investi par un programme immobilier flambant neuf, le quartier a été « dynamisé », comme disent les urbanistes, il a bien changé et je ne suis pas sûr que je le reconnaîtrais.

À l'image de cet hôpital désaffecté, je suis moi-même arrivé au monde dans un drôle d'état. Né prématuré, un mois avant le terme, on découvre à ma naissance une malformation des membres inférieurs. Mes jambes sont difformes : je peux marcher, mais je suis gêné dans mes mouvements. J'ai ce qu'on appelle familièrement le « pied bot », une malformation congénitale qui touche 1 à 2 enfants sur 1000. J'ai les pieds qui louchent, quoi, comme Magellan, Talleyrand ou Toutankhamon. La belle jambe !

Si, selon le titre d'un livre à succès, il semblerait que *« tout se joue avant 6 ans »*, j'ai plutôt l'impression, avec le recul, que dans mon cas tout s'est joué à la naissance ! En effet, dès ce premier jour, je suis mis dans une case. Celle que tout le monde appelle « Pas comme les autres », « Différent » ou « Gamin à problèmes », vous avez l'embarras du choix ! Si ces cases ne portent pas toujours le même nom, elles ont les mêmes « valeurs », pas très belles et si peu valorisantes, ces valeurs. C'est là en tout cas, dans l'une d'elles, que ma mère choisit de me coller, pour ne plus jamais m'y soustraire. Comment prend-on conscience de cela, enfant ? Quel est l'impact sur un petit être de ce désamour maternel ? Pas simple à concevoir, à imaginer. Alors, réussir à s'exprimer sur ce sujet, même des dizaines d'années plus tard, n'est pas chose facile. Si, j'imagine, elle m'a un tant soit peu désiré – oui, j'imagine seulement, car je ne lui en ai jamais parlé, et ne lui en parlerai jamais – je pense que ma mère m'a aussi vite regretté. Mère au foyer, elle contribuait à mon éducation, mais d'un point de vue logistique, matériel, superficiel. Jamais je n'ai ressenti d'amour maternel et d'empathie. Je voyais bien qu'elle était capable d'aimer. À sa manière. Mais avec moi, cela ne passait pas, quelque chose s'était cassé en elle. À la vue de ce corps difforme sortant du sien ? Je ne sais pas. J'ai renoncé à chercher à comprendre.

La famille – cela me fait drôle d'employer ce terme si peu approprié, mais je n'en vois pas d'autre – habite alors dans un quartier plutôt « français moyen » de Marseille, la Rose sauvagine, dans le 13e arrondissement. Le 13e. Le quartier le plus peuplé de Marseille, dans les quartiers Nord. Un quartier populaire où, jusqu'à récemment, de nombreuses activités agricoles donnaient une coloration très rurale à ce bout de ville. Un quartier aujourd'hui plus résidentiel, dirigé par une mairie FN.

Je reste à la maison pendant que ma sœur aînée va à l'école du quartier. Je ne la suis pas puisque j'intègre la « Grotte Rolland », un établissement public spécialisé pour enfants polyhandicapés situé dans le 8e arrondissement. Matin et soir, je dois prendre le car scolaire et traverser une bonne partie de la ville pour aller à l'école. Là, un personnel qualifié nous permet de nous épanouir dans un cadre adapté. J'ai appris il y a quelque temps que cet établissement avait fermé en 2012 : les courriers adressés par différentes associations au sénateur-maire de Marseille, Jean-Claude Gaudin, et à la ministre de tutelle de l'établissement – c'était alors Nadine Morano – n'y avaient rien changé. Après l'hôpital où je suis né, nouvelle fermeture, cette fois dans l'école où j'ai fait mes premiers « pas », j'ai l'impression d'être bien malgré moi le saint patron des promoteurs immobiliers.

Jusqu'au divorce de mes parents, qui intervient peu de temps après ma naissance, je n'ai aucun souvenir de la cellule familiale. Comme dissolue dans le temps. Enfouie dans les nimbes de mes souvenirs. Je n'ai aucun souvenir de mes parents ensemble par exemple, pas de photo où les deux seraient enlacés, souriant à pleines dents à un photographe, ami ou membre de la famille, après une balade dominicale à la campagne ou au bord de la mer, sur une des plages marseillaises. Je ne sais même pas si ces moments ont eu lieu, j'ai du mal à les imaginer, maintenant, plus de quarante ans après, même dans une uchronie où tout se passerait bien, comme dans une famille normale. Cela relève plus de la science-fiction pour moi tout ça, maintenant.

Comme beaucoup de couples de cette génération, mes parents ont divorcé, ma mère a eu la garde et j'ai alors vécu avec elle et ma sœur. Je suis en effet le deuxième et dernier rejeton de la fratrie. Ma sœur est née trois ans avant moi, sans handicap, et tout semblait rouler pour elle, en apparence.

Là-bas, dans ce coin de Marseille, mon univers, c'était simple : il y avait moi, ma sœur, ma mère et, malgré le divorce, papa.

#3

#DansLesStartings

Ma vie a-t-elle commencé en 2011, quand je me suis retrouvé, presque par hasard, à m'inscrire sur Twitter ? Franchement, non ! Qu'elle me plaise ou non, qu'elle ait eu ses hauts et ses bas, j'avais une vie. Une vie invisible aux yeux de la plupart d'entre vous, mais une vraie vie quand même. Si la vie était un gros iceberg, un réseau social n'en serait que la partie émergée, celle que tout le monde, s'il le souhaite, peut voir. Mais en dessous du niveau de l'eau, il y a quand même un gros glaçon ! Alors, oui, bien sûr, on se dévoile un peu quand on envoie un message sur Twitter ou une photo sur Insta : dans le choix des sujets, dans leur traitement. De quoi parle-t-on, de quelle manière ? Personnellement, je n'ai jamais calculé. Je veux parler de tout ce que j'aime, de tout ce qui me tient à cœur. Mais toujours avec bienveillance et humour, sans vouloir blesser quiconque, sans jamais rechercher un buzz quelconque, sans arrière-pensée. Je parle quand j'ai envie de parler, je déconne quand j'en ai envie – c'est-à-dire assez souvent – et j'essaie de m'amuser, de prendre du plaisir et d'en donner, si possible, humblement, à mon petit niveau, en toute liberté (me voilà qui parle comme le dalaï-lama, maintenant !).

La magie des réseaux sociaux a opéré avec moi, c'est vrai. Mais si elle m'a permis de m'évader de mon quotidien, de me trouver un travail et de nouveaux amis, si elle a effectivement transformé ma vie, elle n'a pas pour autant transformé la personne. Enfin, j'espère. C'est probablement le reproche le plus cruel que je pourrais entendre : « Tu as changé, mon vieux. » Quelle déception ce serait pour moi, d'entendre cela de la bouche d'un(e) ami(e). [*Marlène Schiappa likes it*] Ce serait une saillie qui me briserait le cœur. J'espère avoir des amis assez francs et honnêtes pour me recadrer si besoin, et me dire ces vérités les yeux dans les yeux s'il le fallait. Mais quel cauchemar ce serait pour moi ! Je serais tellement déçu par moi-même que je n'ose pas imaginer vivre un tel moment.

Comment ai-je découvert ce réseau social ? C'est peut-être la question que l'on m'a le plus souvent posée, et ça continue d'ailleurs, au point de me faire lâcher un « mouarf », mi-amusé, mi-las, avant de répondre de bonne grâce.

C'était en 2011, hier donc, même si j'ai l'impression qu'une vie entière s'est passée depuis. J'étais, je suis toujours, un peu moins toutefois (à ma grande surprise, je vieillis), un *gamer* invétéré. Biberonné aux consoles vidéo des années 1980 et 1990, au moment du grand boom de ces jeux en France, avec l'apparition des consoles Nintendo, Play Station et compagnie. J'ai adoré une console conviviale et fun comme la N64 et ses jeux, comme *Golden Eye, Zelda, Mario Kart* (eh oui, logique pour moi, non ?!) ou *Flashback* sur d'autres. En fait, jusqu'à mes 40 ans environ, je n'arrêtais pas de jouer, *Call of Duty* était une de mes drogues douces et j'étais très fan des jeux de sport, en commençant par les *Décathlon* puis les *FIFA* ou autres *Pro Evolution Soccer*. Les journées étaient rythmées par leurs sons et les visuels hyperréalistes qui me laissaient scotché à mon écran. Tous ont été pour moi un fantastique moyen de m'évader de mon quotidien, et de faire défiler les heures quand je me retrouvais seul, c'est-à-dire très souvent ! Aujourd'hui, avec le travail qui m'occupe beaucoup, je joue naturellement bien moins qu'avant… mais difficile de se refuser de temps à autre une partie de *Pro Evolution Soccer* pendant un long week-end de trêve internationale – quand nos bons vieux Angers-Toulouse et Rennes-Caen ne sont pas au programme et, curieusement, nous manquent – ou une partie de *Shenmue* sur Sega DreamCast entre deux tweets.

Au début, ma pratique est plutôt solitaire (on parle toujours de jeux vidéo, oui), car personne dans mon entourage n'était aussi accro que moi et les jeux en ligne très peu développés, voire inexistants. J'étais en mode « ado » continuellement avec les jeux vidéo, mais sans les cours au lycée, les premières copines et les sorties entre potes pour égayer l'ensemble. C'était comme ça. Dans les années 2000, avec l'explosion du jeu en ligne, c'est en réseau que cela se déroulait, avec des joueurs du monde entier, pour d'autres expériences de jeu, moins solitaires, plus interactives et collaboratives : une première ouverture, virtuelle, sur les autres passionnés comme moi, en Australie ou à Moscou, et le sentiment d'être moins en face à face avec son écran.

Mais, un matin, c'est le drame (pour un joueur invétéré comme moi à cette époque, le mot n'est pas trop fort) : le réseau Playstation Network de Sony venait d'être hacké. Plus de jeu possible. Le drogué au gaming que je suis commence à trouver le temps long, très long. Je voyais l'espace de ma chambre se rétrécir, et mon écran d'habitude si animé faisait grise mine. Curieux, j'ai donc cherché à comprendre ce qui pouvait bien se passer, et le hasard des recherches m'a amené sur Twitter, où les explications sur le plantage fusaient. En quelques clics, me voilà inscrit. Très vite, j'apprécie l'interactivité et la vitesse à laquelle les informations circulent. On apprend alors que c'est le réseau Anonymous qui a déclenché l'attaque virtuelle. Des milliers de joueurs interpellent Sony, qui s'échine de son côté à rétablir les connections entre les joueurs, ce qui est chose faite dans la journée. Je reprends mes parties avec « NicoX32Y » et « Jaxx+ », mais je garde aussi un œil sur ce nouveau réseau où j'ai vite trouvé des réponses, mais aussi un ton, une indépendance d'esprit, des échanges courts et vifs, alors en 140 signes au maximum par message, qui me correspondent. Je commence à suivre quelques comptes, et quelques-uns font de même avec moi. Je ne le sais pas encore, mais c'est le début d'une incroyable aventure.

#4

#1978
#UnPetitProblème

Certains footballeurs sont des prodiges. Par exemple, Kylian Mbappé – au passage, un garçon adorable et simple, que j'ai eu la chance de rencontrer lorsqu'il jouait à Monaco – a connu une ascension vertigineuse, de son coin de banlieue parisienne à Bondy à la victoire en Coupe du monde, en passant par les titres en club à Monaco ou au Paris Saint-Germain. Bon, eh bien, d'un point de vue médical, j'ai aussi fait une carrière à la Mbappé, avec une progression régulière dès ma naissance jusqu'au sommet de ma carrière, la myopathie. Personne n'a pu m'arrêter, les meilleures défenses immunitaires et physiques ont sauté une à une pour me permettre aujourd'hui d'être un des meilleurs à mon poste (un peu statique, j'en conviens, le poste).

Quand je regarde dans le rétroviseur de mon fauteuil électrique (non sérieusement, je n'en ai pas !), je peux voir un nombre impressionnant de prescriptions et d'avis médicaux me boucher l'horizon. Mais curieusement, en 1978, quand je vais sur mes 7 ans, les médecins, qui constatent comme moi que je ne peux plus marcher, sont bien incapables de mettre un nom sur ce mal mystérieux : « une absence de muscles », me dit-on en substance pour « expliquer » mon handicap. C'est tout ce qu'on sera en mesure de m'indiquer pendant sept ans. Concrètement, je n'ai plus rien dans les jambes, plus de gaz, plus d'énergie, et si les médecins ne semblent pas bien comprendre ce qui arrive à mon corps, de mon côté, je comprends alors parfaitement les principes de Newton sur la gravité qui me clouent au sol : enfin, 7 ans, à mon goût, c'est un peu jeune pour s'intéresser aux sciences physiques. Mais, malheureusement pour moi, je n'en avais pas encore fini avec mes démêlés avec le corps médical.

Comme tous les petits garçons, et malgré mes malformations aux jambes, j'aimais jouer, j'aimais ma mobilité et la liberté qu'elle me procurait. Je me revois, sur une des rares photographies que j'ai conservées, tout de rouge vêtu, veste de cowboy fièrement portée, pistolet à la main maladroitement tenu, nuque longue version Mullett (tapez *Mullett football* sur Google, vous comprendrez ce que c'est et rirez un bon coup au passage, allez-y c'est cadeau) et, surtout, debout. J'ai oublié cette sensation de se tenir sur ses jambes, de pouvoir porter son propre corps, de se mouvoir, mais je suis rétrospectivement heureux de voir sur cette photo ce petit bonhomme sur ses deux jambes. Oui, c'était bien moi. Comme sur cet autre cliché où, dans un style tout à fait convenable – pantalon à carreaux, pull-over vert pour les stylistes – je trône fièrement sur un magnifique Chopper 3 roues du plus bel effet (le chopper, pas moi) que je venais de recevoir pour Noël. Alors oui, c'est tout moi ça, de commencer sur trois roues pour finir sur quatre, mais l'image, comme celle où je fais mon Davy Crockett, me fait également plaisir pour autre chose, car elle me rappelle son auteur, celui pour lequel je prends la pose, je fixe la caméra, regardant droit dans les yeux de ce photographe pas comme les autres, mon père.

#5

#Papa

Je ferme les yeux, et je me souviens.

Parmi les souvenirs nébuleux de mon enfance, une figure émerge, calme, rassurante, apaisante. Mon père était un de mes repères essentiels. Pour autant que je me souvienne, je le réclamais toujours. Papa par-ci, Papa par là, j'étais un vrai « fils à son père », qui voulait profiter au maximum des moments passés en sa compagnie, comme si je savais déjà, au fond de moi, qu'il pourrait partir un jour, en un claquement de doigts ou presque. C'était un travailleur, habile de ses mains, devenu chef de chantier, puis entrepreneur en créant sa propre boîte de construction. Je crois que j'ai gardé de lui, malgré les blessures de la vie, cette volonté de créer, d'avancer et, peut-être aussi, de laisser quelque chose derrière soi, de bâtir. Oh, pas nécessairement quelque chose de palpable, de physique, j'en serais bien incapable. Mais créer quelque chose à mesure d'homme, ce à quoi chacun peut, même modestement, contribuer à son niveau (même en National), comme œuvrer avec un peu de bienveillance par exemple.

Perdre son père, si jeune, a été une épreuve redoutable. Une leucémie foudroyante l'a emporté en quelques jours. Je n'ai pas réalisé, je n'ai pas compris. « On » a estimé que je ne devais pas savoir, que je ne devais pas voir, même : je n'ai pas pu lui dire au-revoir. Oh, cela n'aurait rien changé, je le sais bien, il serait parti quand même, mon vieux. Mais ce que j'aurais aimé le voir et imprimer *ad vitam æternam* les derniers sourires qu'il n'aurait pas manqué de me faire, malgré la maladie, malgré la tristesse, et que je pourrais me remémorer aujourd'hui ! L'impossibilité d'avoir pu faire le deuil est encore une blessure profonde, et vive : pourquoi n'ai-je pas pu aller à l'enterrement ? Pourquoi ne m'a-t-on pas dit, directement, que mon père ne serait plus là ? Je ne suis pas capable de répondre à ces questions, et je ne veux pas les poser à celle qui pourrait, peut-être, m'éclairer. J'ose espérer que c'était pour me protéger, me protéger de cette peine immense que j'aurai en sachant que la personne que j'aimais le plus au monde était partie pour toujours.

J'ai su que mon père était mort en voyant ma sœur, en larmes, pendant ces longues journées qui ont suivi sa disparition. J'ai deviné. Par déduction, tout seul, j'ai compris que mon père ne serait plus à mes côtés, que ce pilier sur lequel je pouvais m'appuyer s'était définitivement volatilisé.

Le moins que je puisse dire, c'est que je ne digère pas la mort de mon père. Il vient subitement de partir pour toujours, et je n'arrive pas à combler le vide immense qu'il laisse derrière lui. À l'école, heureusement, je trouve sinon des appuis, du moins un cadre rassurant, avec sa routine, ses petites habitudes, et la bienveillance d'un personnel chaleureux et compréhensif. Mais à la maison, l'ambiance est crépusculaire. Le soleil du Sud semble blafard, pâle, même par les plus chaudes journées d'été. Psychologiquement, je ne suis pas bien, et c'est par la nourriture que je réponds à mon mal-être. Dès que j'en ai la possibilité, je mange. Et non par gourmandise, comme aujourd'hui où je n'ai qu'à tendre le bras pour ouvrir la porte de mon frigo, près de mon lit, pour attraper un cookie ! Je ne suis alors qu'un glouton, j'engouffre de la nourriture, je me remplis le corps, jusqu'au dégoût, jusqu'à la nausée, jusqu'au vomissement. Bref, je suis boulimique, avec une tendance anorexique. La bouffe était mon mode d'expression. Au lieu de crier dans le vide, je m'abrutissais de nourriture. Sans gagner ni perdre trop de poids. Sans joie de vivre ni plaisirs simples, non plus.

À la maison, on fait peu figure de mon cas personnel. Ces accès de boulimie passeraient presque pour un caprice. Les remarque-t-on même ? Surtout, je ne peux pas exprimer ce qui ne va pas, je ne trouve pas une oreille prête à m'écouter, je n'ai pas d'espace. Tout le temps que j'ai vécu avec ma mère, je n'ai pas pu inviter de camarades de classe ou me rendre chez eux, c'était absolument interdit. Les goûters d'anniversaires, les premières « boums » et autres « pyjama-partys » n'ont pas fait partie de mon univers : je n'étais même pas envieux de la situation de mes copains, car je n'avais aucune idée de la façon dont tout cela se déroulait. Je n'étais pas asocial comme Victor l'enfant sauvage de l'Aveyron mais, clairement, je passais à côté de toutes les bonnes choses vécues par les enfants de mon âge. Je n'aime pas « refaire le match » mais, bien sûr, la présence d'un père, même à mi-temps, même à temps très partiel, n'aurait pas été un luxe pendant ces années.

Je ferme les yeux, mais seuls resurgissent par de fugitifs éclairs les souvenirs de ce père parti trop vite. De très bons souvenirs, mais très, trop épars. Comme lors de ces virées où il m'emmenait au champ de courses, à Borely ou à Vivaux, pour y passer ensemble l'après-midi, à déambuler entre les tribunes et les stalles pour regarder les chevaux, une de ses passions.

Ce qui reste malgré le poids des années, c'est son regard, ce regard qui dit tout l'amour d'un père pour son gamin. Ce que j'aurais aimé que ce chapitre soit plus riche que ces quelques rapides tranches de vie. N'en reste pas moins ce sentiment d'avoir vécu intensément ces moments avec mon père : c'est ce que je veux retenir.

#6

#Marseille #MaVille

Marseille, c'est ma ville, celle de mon père, celle où je suis né, celle où j'ai essayé de grandir, avant de m'envoler (*sic*) vers de nouveaux horizons, au gré des pérégrinations professionnelles familiales. C'est un lien très fort qui lie les Marseillais à leur ville, une fierté aussi pour tous ses habitants d'être des citoyens de cette ville pas comme les autres. Paradoxalement, peut-être ce lien est-il devenu encore plus fort quand le Marseillais que je suis a dû s'exiler.

À l'occasion d'un « Clasico » entre l'OM et le PSG, en octobre 2018, j'ai retrouvé ma ville. Quel bonheur ! Cette sensation d'avoir rajeuni de quelques années m'a enchanté. Un handicapé en fauteuil et sous assistance respiratoire n'a pas la possibilité de déambuler une journée entière dans les rues, à Marseille ou ailleurs, aussi librement qu'il le souhaite. J'aurais aimé retrouver l'ambiance des rues de ma jeunesse de manière plus directe qu'avec un trajet en voiture, toujours plus neutre et impersonnel. Fichtre, que Marseille a tout de même changé ! À l'image de la tour La Marseillaise de Jean Nouvel, près du Port, la ville est entrée dans le XXIe siècle. Oh, je ne suis pas naïf au point de sous-estimer les problèmes de délinquance qui empoisonnent la vie de certains de ses habitants, ni les problèmes sociaux qui affectent nombre de Marseillais. Et au moment où j'écris ces lignes, j'apprends que deux immeubles se sont effondrés dans le 3e arrondissement (un des plus pauvres de la ville), victimes de leur état désastreux depuis de nombreuses années, causant la mort de plusieurs personnes. Quelle tristesse. Non, tout n'est pas rose à Marseille, loin de là.

Malgré tout, je l'aime ma ville. Elle évolue, et elle a plutôt fière allure, elle a de la gueule. Comme le Vélodrome en fait, véritable symbole pour beaucoup de Phocéens : il faudra des tours bien plus hautes que cela pour détrôner le « Vél' », Mr Nouvel ! J'ai connu le premier Vélodrome (ou presque, pas celui avec la piste cendrée, ôtée en 1971), celui dont on comprenait vraiment pourquoi il porte ce nom encore aujourd'hui, malgré le *naming* (quand des marques louent le nom d'un stade pour une certaine durée) des stades et le foot business. Curieuse enceinte où, jusqu'aux travaux entrepris en 1985, on pouvait voir la piste cycliste entourer la pelouse. Quand on revoit les images du stade d'alors, tous les amoureux du Vélodrome ont un petit pincement au cœur : il suffit de repenser au fameux match entre la France et le Portugal en demi-finale du championnat d'Europe des nations en 1984, où plus de 54 000 spectateurs s'étaient massés dans le stade, partout où ils le pouvaient, couvrant en grande partie la piste du vélodrome que, ici ou là, on entr'aperçoit sur les images disponibles sur le web. Sans compter ces centaines de souvenirs personnels que j'ai eu la chance de collecter dans ce stade, mon stade…

Oui, ce n'est pas un cliché, Marseille est une vraie ville de foot. Ces villes qui respirent le foot, qui « puent » le foot comme disent les dingues de ballon rond, eh bien, je n'en connais pas d'aussi passionnée que la mienne.

Je suis né à Marseille, je supporte l'OM, c'est aussi simple que cela. Et, en football comme en politique, je ne suis pas du genre identitaire : quelqu'un né à Maubeuge et qui aime l'OM, eh bien je le comprends, on peut très bien tomber amoureux à distance.

L'OM, c'est la fille canon sur Tinder, tu matches direct ! Je suis d'ailleurs assez bluffé par ces fans capables de faire des centaines de kilomètres pour voir leur équipe favorite au Vélodrome, comme ce supporter belge, abonné, qui se faisait l'aller-retour tous les 15 jours pour voir les matches à domicile des Blancs et Bleus. Ou comme ce groupe de supporters de Mons, toujours en Belgique, qui sillonnent l'Europe pour soutenir ses favoris, quelle que soit la distance, quel que soit le niveau de l'équipe. Que je les comprends ! Une expérience au stade pour suivre un match de football, avec toute l'émotion que cela peut engendrer, c'est merveilleux. Alors quand c'est au Vélodrome, quand c'est l'OM, ou son club favori, c'est top.

Le Vélodrome, ce sont aussi des odeurs particulières qui me reviennent, celles que connaissent les vrais passionnés de foot, ceux qui vont au stade. Ah… l'odeur de la merguez émanant d'une des multiples sandwicheries du boulevard Michelet ou des allées Grassi ! Oh, je vous vois rigoler, là, au fond, mais ce sont nos petites madeleines de Proust, à nous les fous de foot !

Les jours de match, je me plaisais à respecter tout un rituel : je commençais par une balade (pour me mettre en jambes), de la rue Saint-Ferréol vers le Vélodrome, avec le flot des supporters qui va grossissant à l'approche du stade et, au loin, les projecteurs, et les tribunes que l'on voyait se remplir progressivement. Puis, un petit café près du stade, pour humer l'ambiance du match, connaître les dernières infos sur la composition des équipes, l'état de forme de l'adversaire (que l'on va battre, c'est sûr !). Et enfin, cette tension, cette électricité dans l'air les soirs de grand match, ou supposés tels. Cette ambiance, il faut la vivre pour le croire. Comment ne pas aimer le football, le sport et les émotions qu'ils procurent, après avoir connu cela ? Comment ne pas vouloir les partager avec le plus grand nombre ?

#7

#Gif #Saintmtex

Quand je fais mon apparition sur Twitter, je ne connais pas les codes de ce réseau social relativement peu connu comparé à son homologue Facebook, un réseau où je suis d'ailleurs moins à l'aise, où le format des messages – plus long, moins propice à de rapides échanges – et le public sont différents. On s'y coopte entre amis, et moi, je n'en ai pas des tonnes, ce qui me donne vite l'impression de tourner en rond sur Facebook. S'il est aussi simple d'utilisation que son rival, Twitter fonctionne sur un système d'abonnement où chacun est libre de suivre les messages de la personne qu'il désire, sans que ce dernier puisse approuver ou non ce choix. Si je le veux, je peux suivre @Barack Obama, @FredDupont et @PassionCookie. Et si les *twittos* (c'est le nom que l'on donne aux utilisateurs de Twitter) le souhaitent, ils peuvent me suivre en retour (je précise que Barack Obama ne fait pas, encore, partie de mes *followers*, au contraire de @FredDupont et @PassionCookie).

J'utilise alors le nom @Saintmtex (prononcez [saime tex]), en souvenir de mes parties de *Call of Duty* où, avec les membres de mon clan, je m'étais fait le spécialiste des mines Semtex (celles qu'on peut coller un peu partout et qui explosent au passage d'un adversaire), et commence à enchaîner les échanges, les bons mots, les vannes. Puis les gifs. Gif pour *Graphics Interchange Format.* Ou « images animées » en bon vieux français : des formats courts, de quelques secondes seulement, comme un mini-dessin animé. Techniquement, tout est simplissime : avec la carte d'acquisition insérée dans mon PC et connectée à ma box, je dispose d'une sorte de magnétoscope qui enregistre tout en permanence. Quand un geste, une scène attire mon regard à l'écran, je peux en quelques clics créer un gif ou photographier une image. À moi de trouver ensuite une légende appropriée… et drôle, ces petits mots qui vont faire mouche ! J'adore détourner le sens des images, d'où mon intérêt pour les captures d'écran (les *screens*), puis les gifs. Ce que j'ai pu rigoler et faire rire avec ça, même si la piètre qualité de ma connexion d'alors m'obligeait à patienter deux à trois minutes – une éternité sur Twitter – avant de pouvoir faire profiter les internautes de mes créations.

La mayonnaise prend rapidement. Je constate que, tous les jours, mon compte est de plus en plus suivi. 1 000, 5 000, 10 000, 50 000 *followers* : le chiffre augmente de façon exponentielle, sans que j'ai réellement conscience de ce qui se passe. Je ne fais que m'amuser. Néanmoins, je tâche de bien faire ce que j'entreprends. Et comme je suis un des premiers à me lancer sur ce créneau, je tape dans l'œil au site de *20Minutes* qui me propose alors d'héberger mes créations, avant que je ne sois transféré (sans indemnité de transfert : j'étais, je suis, toujours libre) chez les amis du Cahiers du Football, pendant plus intello de magazines comme *France Football* ou *L'Équipe*. Ces sites me donnent une meilleure visibilité, et m'apportent leur lot quotidien de nouveau *followers*. Toujours, j'ai carte blanche et les rédacteurs des sites choisissent les meilleurs gifs – aux Cahiers, une demi-douzaine par semaine) pour animer leurs pages Web.

La Coupe du monde 2014 agit comme un accélérateur. C'est à mon avis la première Coupe du monde 2.0, et les *twittos* s'en donnent à cœur joie. Notre visibilité s'améliore, et moi comme d'autres, j'en profite. Très gentiment, un article parle alors de moi comme le *« Zidane du gif »* ! Cette Coupe du monde demeure un excellent souvenir.

Mais, en décembre 2014, tout se gâte. La Ligue 1 met en demeure les Cahiers, que j'ai rejoints juste après la Coupe du monde, au sujet de la rubrique « Boîte à Gif » que j'anime. Ça ne rigole plus. Les avocats de la Ligue de football professionnel (LFP), elle-même dirigée par un avocat moustachu, nous demandent de cesser immédiatement la diffusion de ces images, les considérant comme des extraits de match, soumis à ce titre à des droits payés alors par le site L'Équipe. La LFP est dans son droit et, malgré l'opposition de principe de Jérôme Latta, patron du magazine, les Cahiers doivent reculer. Franchement, je doute que mes gifs portaient préjudice à quiconque. Au contraire ! Ne donnaient-ils pas une visibilité supplémentaire, en plus d'un regard décalé, sur notre bonne vieille Ligue 1 ? Je n'étais pas là pour diffuser les images d'un but, ou même d'une action remarquable d'un joueur (bon en même temps, en Ligue 1, ce genre d'actions ne court pas les rues). Souvent, je choisissais une action anodine, ou même un évènement se passant dans les tribunes, ou sur les bancs de touche, une glissade d'un arbitre, une mimique d'un supporter, un geste surprenant d'un joueur ou d'un coach, etc. Avec des titres rigolos, du genre « *Vers l'infini et en deçà* » ou « *Le foot, c'est aussi, parfois, de la classe et de la tendresse* », sans prise de tête, on offre « *quelques secondes de bonheur dans un monde de buts* », selon les Cahiers. Quelques secondes de trop pour la LFP. J'ai au contraire plutôt l'impression de la valoriser, cette compétition. Mais à la Ligue, on nous sort les grands discours, tout en accusant Twitter (qui saura s'en souvenir quelques années plus tard, on y reviendra) de « *légèreté* » sur le sujet. Pourtant, on ne parlait pas dans notre cas d'images ou de commentaires racistes, homophobes ou antisémites, qui pullulent sur les réseaux et pour lesquels on ne fait pour ainsi dire rien ou pas grand-chose. Tout n'est question que de gros sous, et nous devons logiquement nous incliner (le droit est contre nous), même si nous sommes un peu frustrés. Qu'à cela ne tienne ! Nous continuons notre petit jeu des gifs avec des images d'autres championnats européens, les Coupes d'Europe ou la Coupe de France, soumis à des droits non vendus par la LFP. Au lieu de charrier le joueur français, les joueurs turcs, néerlandais ou espagnols vont désormais passer entre mes mains ! Et l'aventure de continuer sur les réseaux sociaux, toujours dans la bonne humeur.

#8

#OnChoisitPasSaFamille #UneMère

Je n'ai rien demandé après tout. Mes parents ont, a priori, désiré ma naissance, voulu cet enfant : la présence et l'amour de mon père, même pour de trop courtes années, en attestent bien. Et cela me rassure parfois, au regard de la relation complexe, et ô combien différente, que j'ai pu avoir avec ma mère. Aujourd'hui, tout est plus clair. Je ne l'ai plus revue depuis mes 30 ans, c'était la décision qui s'imposait. Prendre ses distances, puis larguer définitivement les amarres. Malgré ce que j'ai pu vivre avec ma mère, cela reste une décision chargée de symboles : on ne coupe pas sans état d'âme les liens avec celle qui vous a mis au monde. Les liens du sang, même corrompus par le ressentiment et l'alcool, demeurent.

Ma mère n'était pas l'épouse idéale. Buvait-elle déjà régulièrement au moment du divorce avec mon père ? Je n'en sais rien, et sur ce point comme tant d'autres touchant à ma mère, je n'en saurai probablement jamais davantage. Je sais juste que son rapport à l'alcool a empiré par la suite, quand les après-midis devenaient son moment privilégié de la journée pour s'abrutir.

Le divorce de mes parents a été prononcé très rapidement, alors que je n'avais que 3 ans, un âge où on préfèrerait être rassuré dans une cellule familiale aimante et attentionnée. Si c'est ma mère qui a obtenu du juge notre garde, à ma sœur et moi-même (à cette époque, les juges confiaient systématiquement les enfants à la mère, sans trop se poser de questions), mon père bénéficiait naturellement d'un droit de visite, et il a, à mes yeux, contribué grandement à mon éducation et à la construction de l'homme que j'allais devenir. Quand mon père est mort, ma mère n'était pas seule pour traverser cette épreuve. Mes grands-parents, mon oncle et ma tante (du côté paternel) étaient à ses côtés. Ces derniers, ils ne le savent peut-être pas, ont été une véritable bouffée d'oxygène, une bouée de secours dans un océan de désamour.

Après que ma mère eut refait sa vie, nous formions une de ces nombreuses familles recomposées qui – nombre de divorces en pleine croissance oblige – fleurissaient dans les années 1980. Je n'ai pas cherché le réconfort chez mon beau-père, qui a été présent comme un beau-père peut l'être. Quelques parties de pêche ont égayé nos relations, mais peut-être a-t-il compris que mon père était pour moi une figure tutélaire (oui, tutélaire, protectrice, pas titulaire comme Jordan Amavi contre le PSG le mois dernier), quasi hiératique, contre laquelle il ne servait à rien de lutter, même si le temps a progressivement fait son œuvre, sans effacer l'image de ce modèle paternel, toujours bien présent dans mon esprit.

Mon enfance fut bridée, complètement dominée par les femmes de ma famille, omniprésentes, et l'alcoolisme de ma mère. Elle n'était vraiment pas en mode « alcool joyeux », c'est le moins que je puisse dire ! L'alcool a ce pouvoir d'ouvrir les vannes, de désinhiber, de faire croire un instant que tout est possible, avant de faire retomber ses victimes dans un état apathique et sombre. Ce qui explique en partie mon rapport distancié avec l'alcool ; de toute façon, le champagne que j'adore est trop cher pour que je puisse en consommer trop régulièrement !

Les agressions ont commencé, tout d'abord verbalement. Entendre sa propre mère vous traiter d'« infirme » est une épreuve que je ne souhaite à personne : les mots d'une mère peuvent avoir un terrible effet sur les têtes. La maltraitance commence avec les mots. Comme pour le harcèlement à l'école sur une jeune victime ou les réflexions désobligeantes, vexantes ou humiliantes d'un homme sur « sa » femme à la maison. La parole est une arme terrible, capable de détruire les plus faibles et les plus influençables, ne sous-estimons pas ces cas de maltraitances psychologiques, et écoutons ces victimes. Personnellement, je n'avais pas trop d'échappatoire. Et, plus jeune, on ne comprend pas toujours ce qui se passe, on cherche même des excuses à la personne qui vous blesse tant. Ainsi, quand j'ai eu 12 ou 13 ans, j'ai obtenu un petit rôle dans une pièce de théâtre jouée avec des gosses de mon âge. Et surtout, je n'avais pas un rôle de handicapé, ce qui était important pour moi. J'avais un rôle, point final. Sur scène, je me sens à l'aise. Bon, pas au point d'avoir le premier rôle mais je suis heureux, je participe, je suis dans la place, je suis là, avec les autres. Après la représentation, tous les parents s'approchent tout sourire de leurs enfants, on s'embrasse, on se félicite, avec plus ou moins de sincérité, quitte à déformer un petit peu la réalité, c'est de bonne guerre, on n'est que des minots après tout, et toutes les vérités ne sont pas bonnes à dire sur nos talents d'acteur. Ma mère n'est pas du genre à s'embarrasser de telles subtilités. Et la voilà qui arrive, mine fermée, pour me dire, les lèvres fermées : « On n'a rien compris quand tu as parlé. » Et l'atmosphère de se refroidir de quelques degrés devant tant de méchanceté gratuite. Je m'en fichais (non, pas entièrement, ça bouscule un peu quand même), car ce soir-là, j'avais été considéré, j'étais un acteur parmi les autres acteurs, un gamin parmi les autres.

Depuis l'âge de 9 ans, je suis en fauteuil, incapable de me déplacer avec aisance sur quatre roues et un moyen de locomotion uniquement mécanique où seuls mes minces bras de gamin peuvent me porter. Je suis depuis une cible facile. Difficile alors d'éviter, comme ma sœur – mais elle peut courir, elle – les premiers coups. Ils m'atteignent dans les jambes. La cause du malheur de ma mère ? La raison de son mal-être, de son alcoolisme ? En tout cas, les jambes prennent les premiers. Les coups ne sont pas d'une force telle que des ecchymoses se forment. Mais ils se font jour dès que l'alcool exerce ses effets. Quand ma sœur quitte le foyer (elle est un peu plus vieille que moi, et je pense qu'elle a vite essayé de déguerpir dès qu'elle en a eu la possibilité), je suis en tête-à-tête avec ma mère. Plus de garde-fous, plus de barrières, on est dans l'open bar de la maltraitance. Ce ne sont pas des gestes quotidiens, mais ils sont suffisamment répétés pour qu'ils restent à jamais gravés en moi. Ce ne sont pas des coups qui font mal, physiquement, mais ils vous minent. Des tapettes sur la tête, sur les joues, des coups de pied dans les jambes, toujours. Pour quoi ? Pour rien, des broutilles, quelques mies de pain laissées sur la table, un regard. Je suis comme une boule anti-stress : quand on la voit passer, on ne peut pas s'empêcher de mettre la main dessus. On s'y habitue ? Non, plutôt, on apprend à vivre avec. On apprend à vivre.

Un réveillon du jour de l'An, je m'ennuyais ferme, pour parler poliment, à cette soirée à laquelle ma mère et moi étions invités. J'étais le seul adolescent, là, à subir les conversations lénifiantes (pour un ado, le spectre est très large, j'en conviens) et de plus en plus alcoolisées du groupe de convives. Nous n'habitions qu'à quelques minutes du lieu de la fête, et j'ai décidé de rentrer chez nous. Ma mère devait m'accompagner, car je n'avais pas les clés. Pas très grave pour la plupart des parents, qui auraient tous concédé le temps de l'aller-retour pour ramener en toute sécurité son enfant, handicapé ou non. Mais quinze minutes de perdues pour ma mère, qui a alors profité de l'isolement de l'ascenseur de l'immeuble pour me mettre des coups de pied.

Cela va peut-être surprendre, mais je n'ai aucune haine envers elle. Ma mère était (est encore ?) une alcoolique. Elle buvait beaucoup trop. Je rentrais de l'école, elle était ivre. Malade donc, comme pourrait l'être un diabétique ou un agoraphobe. Rien, et surtout pas l'alcool, ne justifie les coups portés à mon encontre, j'en suis bien conscient, et je ne veux surtout pas donner la moindre excuse à celui ou celle qui maltraite son enfant.

Cette mère ne m'aimait pas, point. C'est le constat que j'ai rapidement fait. Alcoolisée ou sobre, elle ne m'a pas donné une once d'amour maternel. En conséquence, je n'ai jamais eu d'amour pour elle non plus. Depuis, je ne prononce plus son prénom, appelez-la comme ça vous chante, mais pour ma part j'ai renoncé, et je ne veux plus associer son nom à une personne de mon entourage qui m'est particulièrement chère : ne mélangeons pas les torchons et les serviettes.

J'ai eu la chance de pouvoir me protéger rapidement, de m'équiper, comme dans *Mario Kart*, d'une carapace, solide, épaisse, pour me protéger de tout cela. « *Ce qui ne me fait pas mourir me rend plus fort* » dit-on (Nietzsche, *Le Crépuscule des Idoles*, me souffle-t-on dans l'oreillette). Oui, j'ai passé des moments difficiles, c'est vrai, comme d'autres qui n'ont d'ailleurs pas le loisir de pouvoir exprimer, comme j'en ai la chance ici, ce qu'ils ont pu vivre. Tout ça, c'est fini, derrière moi, je dois faire avec, mais je ne vais pas traîner ce passé comme un boulet. En avant la vie ! Je dois devenir quelqu'un.

#9

#DevenirPhilousports

2016. Sur Twitter, en cinq ans, j'ai réussi à me faire un (petit) nom : Philousports (la simple addition de mon surnom Philou, pour Philippe, et de mon kif pour les sports). Ma passion du sport, du football, de l'OM, toutes ces émotions qu'elle m'apporte, je veux les partager, faire sourire, rire, tout en m'amusant moi-même. Et j'essaie – c'est quand même la moindre des politesses – de faire bien les choses, tout en ne me prenant pas la tête. Ce qui m'importe aussi, c'est d'être reconnu pour mes compétences. Entendre dire « Ce gars-là fait du bon boulot » me fait plaisir, énormément. Ça peut paraître simplet mais, à mes yeux, c'est très important, cette notion de reconnaissance. On regarde souvent un handicapé comme un poids mort dans nos sociétés. À une époque où les mots « rentabilité », « profit », « efficacité », « activité », « rendement » et quelques dizaines d'autres de cet acabit sont glorifiés, un handicapé fait tâche. Alors, oui, ce que je fais, même sur ce qui peut apparaître comme une grande cour de récréation virtuelle, j'en suis fier. J'essaie de bien faire, de plaire, de percer, bien malgré moi parfois, comme quand je capte la quenelle de Nicolas Anelka, un geste très ambigu et provocateur, souvent exécuté par les partisans de Dieudonné.

Dans l'année, j'atteins le nombre de 80 000 *followers*, grâce notamment à la pub que m'a procurée « l'affaire » LFP/Cahiers du football. Quelle drôle d'impression de constater sur mon écran que tous ces gens (ou presque, enlevez de la liste quelques centaines de comptes robots) sont là pour moi, avec moi, à mes côtés ou presque, pour partager, rire et s'éclater ensemble.

C'est à ce moment-là que je deviens autonome financièrement et que je peux décliner l'allocation aux adultes handicapés, mes revenus dépassant le plafond autorisé. Pour moi, c'est un cap essentiel. Pour la première fois de ma vie, je ne dépends financièrement de personne. Oui, dans mon esprit, l'allocation adulte handicapé, ce sont des personnes qui me la payaient, vous, mes voisins, tous les contribuables. Ce lien de dépendance me gênait. Oh, non pas que je considère comme certains cette aide – comme les autres contributions ou assurances : chômage, maladie, RSA, etc. – comme de l'assistanat, ce mot devenu grossier semble-t-il dans la bouche de quelques-uns, et même un « cancer » pour d'autres. Non, ces aides sont utiles, indispensables même. Un handicapé adulte touche en France 860 euros, une somme réévaluée à 900 euros en 2019. Ce qui veut dire que cette population vit en dessous du seuil de pauvreté, ce qui veut dire qu'il est absolument anormal que nos gouvernants, depuis des dizaines d'années, ne soient pas capables de prendre réellement conscience de ce problème. Dans une tribune remarquée de l'acteur Sam Karmann sur le *Journal du Dimanche* du 11 novembre 2018, le réalisateur de *Cuisine et Dépendances* clamait à juste titre que nous étions tous des handicapés. Peut-être pas là, maintenant, chanceux que vous êtes d'être préservés, mais en devenir, soit directement, soit en tant qu'accompagnant. Comment réagiriez-vous alors en recevant, pour vous ou pour un proche, une si modeste indemnité ?

Mais moi, dans ma caboche de mec un peu têtu et résolu, je voulais briser ce lien et pouvoir voler de mes propres ailes en ne recevant plus cette aide. Cela a représenté pour moi une vraie victoire personnelle. Avant d'être un handicapé, je suis un homme de 47 ans. Vous imagineriez-vous être encore dépendant financièrement à cet âge ? Ne me faites pas dire ce que je n'ai pas dit, j'ai trop de respect pour tous ceux qui traversent une passe difficile, vivent une mauvaise année ou une existence entre petits boulots, logements précaires et galères financières, pour cracher dans la soupe. Cette allocation a été vitale pour moi, comme elle l'est encore pour des dizaines de milliers de handicapés dans notre pays. Et c'est bien pour cela qu'elle doit être réévaluée, et que, en même temps, le regard sur le travail des handicapés doit changer. Que les employeurs arrêtent de préférer payer une amende plutôt que d'embaucher un handicapé, que ces emplois soient de vrais emplois avec de vrais salaires et non des petits boulots mal considérés, peu qualifiés et mal payés, et que du personnel qualifié et compétent puisse assister dans de bonnes conditions, dans les centres sociaux, dans les hôpitaux, dans les écoles, les enfants, les adultes et les vieux handicapés. J'avais été révolté à la lecture d'un message de Kevin, un jeune homme de 21 ans, autiste : « *Malgré mon handicap, j'ai réalisé des études jusqu'à l'obtention du BTS SNIR* (Systèmes numériques Informatique et Réseaux, ne me demandez pas ce que c'est !), *mais personne ne veut me laisser ma chance dans le milieu professionnel.* » Avant de poursuivre « *Si un recruteur lit ce message et qu'il a une offre d'emploi à me proposer, donnez-moi une chance, laissez-moi l'opportunité d'essayer, car j'en vaux la peine.* » Je trouve ahurissant qu'un jeune si talentueux soit laissé à la porte du marché du travail. Il n'est malheureusement pas le seul. À ceux qui n'embauchent jamais de handicapés, à qui la maladie fait peur, je leur adresse un message, un peu solennel, en mode « En direct de l'Élysée ». Si vous nous laissez la chance de vous prouver qu'on est bons, on ne vous décevra pas. Et arrêtez d'avoir peur, s'il vous plaît. C'est sûr, ça ne sert à rien d'embaucher un myopathe pour faire guide de haute montagne ou scaphandrier. Nous avons des tonnes de qualités, et vous verrez, on vous le rendra au centuple. Même si on respire par un tuyau.

Il est de bon ton de râler au sujet des émissions de Cyril Hanouna, notamment *Touche pas à mon poste*. La façon dont les sujets sont traités est parfois bien maladroite, mais reconnaissons à l'ancien trublion de *Comédie !* le mérite d'avoir été un des rares à réaliser une émission « Spécial Handicap » où tous les chroniqueurs étaient handicapés : 100 % de présentateurs handicapés contre… 0,8 % « visibles » actuellement sur nos écrans, selon le constat de l'association Médias Handicap, dont l'objectif est justement de faire évoluer les mentalités et les préjugés sur ce sujet ainsi que l'image de la personne handicapée dans les médias. Philippe Croizon, le nageur fou quadri-amputé, la Miss Monde fauteuil Nadjet Meskine, Malik, Mehdi, Myriam et les autres, ont permis à l'émission de rencontrer un magnifique succès ce soir du 17 novembre 2017 ! L'humour, les discussions de qualité (traduites en langue des signes) et l'énergie déployée par tous ont donné une superbe représentation du handicap, si loin des idées préconçues et des caricatures habituelles : merci Cyril, et à refaire plus souvent !

Quand j'ai touché pour la première fois l'allocation aux adultes handicapés, quand j'ai vu ces quelques chiffres s'aligner sur mon relevé de compte bancaire, ma première décision a été de prendre mon indépendance, de quitter cette cellule familiale qui n'avait jamais si bien porté son nom. Mettre fin aux humiliations, à ces petits coups qui empoisonnaient mon quotidien, cette ambiance délétère. Cette allocation a été une libération. Et je ne doute pas qu'elle soit tout aussi libératrice, vitale, indispensable pour tous ceux qui la perçoivent : elle permet aux familles d'améliorer le quotidien, de contribuer aux soins parfois lourds – et bien plus coûteux que 900 euros par mois – des malades. Pour tous, elle est essentielle. Mais j'ai toujours considéré que l'émancipation des handicapés passerait aussi par l'autonomie financière. Il faut en avoir la possibilité et les capacités, ce que tous n'ont pas malheureusement. Moi, j'ai toute ma tête, et je suis plutôt – ne rigolez pas – en bonne santé, et là, grâce à des gifs, un peu d'humour et, quand même, beaucoup de travail, j'y arrive !

Sacrés gifs. Sur ma pierre tombale, pensez à inscrire « *Ci-gif Philousports* » !

Cette notoriété (toute relative, hein, je ne suis pas Robert de Niro) me permet – grosse cerise sur le gâteau – d'accomplir quelques-uns de mes rêves et de faire des rencontres que je n'aurais jamais imaginé vivre. C'est vraiment l'aspect magique des réseaux sociaux, et leur grand paradoxe. Chacun est isolé, dans son univers, derrière son écran. Lui est dans son bureau, elle dans sa chambre, lui en pyjama ou en costume cravate, elle en jogging. Chacun est de son côté, à faire ses bêtises, à vanner les footballeurs, les politiques, à croiser les visages des célébrités (sacré Guillaume TC, suivez-le, vous n'allez pas être déçu), à pianoter nos petits messages plus ou moins futés ou drôles, tout cela dans la joie et la bonne humeur, mais, malgré tout, isolés. Moi dans ma maison du Cap Corse, untel à Paris, l'autre au fin fond du Berry. Des univers, des destins différents, des personnalités dissemblables, mais ça fonctionne ! Du lien se crée, de manière très forte parfois. Des amitiés naissent même de manière virtuelle. Chaque échange est une rencontre à part entière, et je considère que, sur les réseaux sociaux, il faut jouer le jeu du partage et de la discussion. Je le fais avec plaisir. Par exemple, je réponds toujours aux messages privés des *twittos*, je trouve cela normal. Une personne a pris le temps de m'écrire, je vais prendre le temps de lui répondre. Tant que cela reste dans les limites de la courtoisie (l'immense majorité des messages) et que j'en ai la possibilité physique, je le fais.

Des messages sont particulièrement touchants, d'autres me confèrent même une forme de responsabilité. Je n'hésite pas à relayer des demandes d'internautes parfois à la peine ou en grosse galère. La recherche d'un réparateur de fauteuil roulant à Paris pour Clotilde vaut bien un petit RT (*retweet*), non ? Un message à diffuser pour le petit Hector, atteint de paralysie cérébrale, pour permettre à sa famille de lever des fonds pour aménager une voiture afin que son fauteuil électrique y rentre, cela ne me prend que quelques secondes : c'est important à mes yeux, ces petits clics avec ma souris, même si je ne peux pas participer financièrement à tous les messages que je relaie. Il ne faut pas sous-estimer le pouvoir de ces gestes, qui paraissent représenter bien peu. On pourrait même se gausser de ces formes de militantisme virtuel où, pour se donner bonne conscience, on se contenterait de relayer des messages, des hashtags (il faudrait dire « mot dièse » selon la Commission de terminologie et de néologie du domaine social : sérieux, ce truc existe ? Réponse : oui !) et des coups de gueule. Mais quand la magie opère, et quand je sais que des gens ont répondu à un appel, une demande, ou ont contribué même modestement à une cause grâce à un de ces petits gestes, et que le problème initial est résolu ou en passe de l'être, quel bonheur !

La sollicitude et la gentillesse des messages personnels me touchent énormément. Ils donnent tout leur sens à ma présence sur les réseaux sociaux. Pas de méprise ! Je ne fais pas ça égoïstement, pour que ma petite personne puisse se gargariser, dans une attitude narcissique malheureusement très répandue de nos jours, de tel ou tel compliment. Cela fait plaisir, bien entendu, d'être ici ou là complimenté ou félicité. C'est sympa, je remercie et on passe à autre chose.

Mais les vrais messages d'amour, où un *twitto* dit, par exemple, que ce que je fais est pour lui une source d'inspiration et de motivation, que ce que j'entreprends, même en rigolant, lui permet de se projeter vers un futur désirable (bordel, je parle comme Benoît Hamon, maintenant !), eh bien là, ce que je fais avec deux petits doigts pas bien habiles prend à mes yeux tout son sens. C'est exactement la même chose pour ce livre. À l'heure où j'écris ces lignes, je n'ai aucune idée du nombre de lecteurs qu'il aura, et ça n'a au fond aucune espèce d'importance. Mais (et je le dis sans démagogie aucune, et avec toute la sincérité imaginable) si je sais que ne serait-ce qu'un d'entre eux a un peu plus la banane après m'avoir lu, qu'il a le sentiment que rien n'est joué pour lui et que sa situation, même pas folichonne, peut s'améliorer, alors je me dirai que le livre aura rempli sa mission.

#10

#UneEnfanceAilleurs #Fauteuil

L'année de mon CE2, ma mère et mon beau-père prennent une décision importante : il faut quitter Marseille. Du jour au lendemain, nous devons rejoindre la Normandie, près de Flamanville, où mon beau-père est appelé sur le chantier de la centrale nucléaire. Pour situer, c'est dans le nord du Cotentin, là où sur la carte météo des températures, c'est souvent le point bleu où il fait le plus frais en France. Le grand écart avec Marseille, et un saut dans l'inconnu pour moi. Je dois quitter l'environnement dans lequel j'ai toujours grandi, une bonne école, et quelques personnes bienveillantes qui me sont chères pour atterrir à plus de 1 000 kilomètres en Normandie, en mode « famille » réduite. Autant dire, pour le méridional que je suis, que je vais dans le Nord (prendre l'accent de Michel Galabru dans *Les Chtis*), c'est-à-dire légèrement au-dessus de Valence, la limite symbolique nord-sud pour tout Marseillais qui se respecte.

Ce sont quatre années que je vais passer « là-haut ». Quatre années scolaires dans une école « normale » à Flamanville, sans histoires ou presque. Les jours défilent dans ce coin que je connais finalement mal. Les semaines sont rythmées par les allers-retours entre l'école et la maison, et entre l'école et le centre de rééducation de Siouville, tous les mercredis. Car l'état de mes jambes ne s'est pas amélioré, et il faut veiller à entretenir la mécanique de ces membres inférieurs qui ne répondent pas, ou si mal. C'est à ce moment que le fauteuil s'impose à moi, pour ne plus jamais me quitter (ça fait un peu histoire d'amour, non ?). En plus de la rééducation locomotrice, je passe mon permis « Fauteuil ». C'est qu'il faut les maîtriser, ces engins ! À Siouville, j'ai appris à tomber en arrière en fauteuil. On apprend ça pour éviter de s'ouvrir le crâne, tout simplement. De toute façon, 99 % de mes chutes étaient vers l'avant, mode tête plongeante. Mais jamais cadrées, les têtes... et « je me faisais les croisés » presque à chaque fois. Vicieux, ces fauteuils. Et pas simple, la vie de handicapé de haut niveau ! Mais c'est comme ça, il faut apprendre à vivre avec. Et dans l'ignorance, toujours. Sans savoir encore ce qui rend mes muscles inopérants.

Et ce n'est pas en Algérie, où je pars vivre un an – toujours dans le cadre des mobilités professionnelles de mon beau-père – que j'en apprends davantage sur ce mal qui me cloue dans un fauteuil. L'Algérie, ce n'est pas un petit déplacement, comme celui fait par les supporters niçois lors des matches Monaco-Nice où tous se rendent en Principauté en deux-roues.

Là-bas, du côté des Eucalyptus, une résidence pour expatriés au sud-est d'Alger, je vis dans une bulle. Ce déménagement m'est imposé, et on ne se préoccupe guère des conséquences que cela peut avoir pour moi. C'est une année importante pourtant, l'année de la 6e, non ? Pas assez, semble-t-il, pour ma mère qui décide de ne pas me scolariser. Un an de perdu, dans ma condition, ne paraît être un souci pour personne. En Algérie, si je retrouve un climat un peu plus clément que le Cotentin, je suis complètement déconnecté de mon environnement. Pas ou peu de distractions ou de loisirs. Pas de sortie possible en fauteuil non plus, pour des raisons pratiques, car le mot « accessibilité » est encore largement inusité. Je n'ai pas encore été happé de manière irrémédiable par le virus du foot, je n'ai pas d'amis, et nous ne développons pas de relations durables avec les autres familles seulement de passage dans ce petit coin privilégié de l'Algérie. J'en profite tout de même pour me plonger dans la lecture, un superbe exutoire : Bernard Werber, les romans fantastiques de Stephen King, et des classiques comme *La nuit des temps* de Barjavel, que tous les lycéens français ont lu, sont passés entre mes mains. Ne me demandez pas de faire un résumé, je n'ai qu'un très vague souvenir de ces lectures, mais elles ont été un passe-temps très appréciable là-bas.

Le contexte politique ne se prête pas non plus à de grandes balades et à la découverte de ce pays : une terrible guerre civile s'apprête à ensanglanter l'Algérie, il y a un peu de tension. Les jeux vidéo, dans lesquels je me réfugie, proposent alors un monde virtuel autrement plus rassurant que celui qui nous entoure. Et je suis, de plus en plus assidument, les évènements sportifs à la télé. Mais il est temps de rentrer en France.

#11

#Twitter #Clash

Ne perdons pas de temps avec ces énergumènes qui ne pensent qu'à faire du mal. Quand on me demande pourquoi je réagis avec tant de flegme à la méchanceté gratuite et très souvent anonyme qui sévit sur Twitter, je réponds simplement que je pense alors à ceux qui m'aiment. Cela vous paraît naïf ? Peut-être, mais c'est la meilleure protection que j'aie pu trouver à ce jour : je ne suis jamais agressif, et je ne comprends pas de telles réactions. On peut tout à fait être en désaccord avec quelqu'un et le lui signifier, mais pourquoi le faire de manière vindicative ou méchante ? Je fais très attention au style que j'emploie, mais il est vrai que les messages écrits ne rendent pas les intonations que pourrait avoir une voix (bon, dans mon cas, cela vaut mieux !) et ses nuances : parfois, il m'arrive même d'écrire à la suite d'un *tweet* pour bien préciser que je ne fais pas ma remarque sur un ton de reproche, pour bien signifier à mon interlocuteur que, comme Buzz l'Éclair dans *Toy Story*, *« je viens en paix »*. Je me sens très mal quand je sais que j'ai malencontreusement pu blesser quelqu'un, vraiment je ne suis pas bien dans mes pompes. Un soir, j'avais gentiment raillé un ancien footballeur professionnel devenu un consultant tout en sobriété, assez peu souriant et divertissant sur les plateaux de télé où il est régulièrement invité. J'avais été très chagriné quand j'avais reçu un message de sa fille, qui me disait que son papa n'était pas du genre à exprimer ses émotions en public, mais que c'était un très chouette papa quand même. Même si son message était d'une gentillesse absolue à mon égard, le fait que j'ai pu titiller son amour-propre m'a causé un gros pincement au cœur.

Il y a quelques mois, j'avais eu une conversation animée avec le journaliste Pierre Ménès sur Twitter (ce que l'on appelle un « clash » dans la Twittosphère, un mot que je déteste). Évidemment, on en a fait tout un pataquès alors que, dans l'absolu, c'est le genre de conversation que j'aurais pu avoir avec n'importe qui. *« Tu es le centre du monde »*, *« J'en peux plus qu'on me parle comme à une merde ou un copain de classe »*, avait écrit le chroniqueur sportif. Je n'avais pas aimé sa condescendance et son ton agressif, et le lui avais manifesté, sans m'expliquer vraiment comment une simple discussion pouvait tourner si vite au vinaigre.

La mode, c'est le cash, les positions tranchées, peu nuancées, sinon, semble-t-il, on n'existe pas, « on n'est pas visible ». Je me refuse à entrer dans ce modèle. La bienveillance a aussi sa place dans la communication version XXIe siècle, j'en suis la preuve.

C'est vrai que j'utilise bien les codes de notre époque, les outils : j'ai de la répartie, mon cerveau et mes doigts arrivent à se coordonner rapidement. La parole, écrite ou orale, a été pour moi un moyen d'exister. À l'école, je pouvais m'exprimer, ce qui n'était pas le cas chez moi. L'école a vraiment été la soupape de la cocotte-minute : la pression montait, montait à la maison, et l'école me permettait ensuite de libérer tout cela.

Aujourd'hui, ces modes d'expression 2.0 sont devenus pour moi un mode de vie. Ne pas parler, me taire, ne pas pouvoir m'exprimer, rire, vanner, bref ne pas réussir à faire sortir quelque chose de moi, ce n'est pas concevable, ce serait pour moi l'équivalent d'une mort sociale. En janvier 2018, j'ai eu mon compte suspendu par Twitter pendant quelques heures, pour cause de « violations de droits télé ». Une nouvelle fois, c'est la LFP qui a enclenché la procédure : curieuse impression de se voir radié pour si peu, finalement, quand le pire circule sur ce réseau. Si c'est surtout la belle vague de solidarité que je retiendrai au final, provoquant un retour rapide de mon compte sur le réseau, la sensation d'être à l'écart n'a pas été très agréable à vivre.

Twitter agit aujourd'hui comme un miroir déformant où les évènements sont artificiellement amplifiés, grossis, ou au contraire dégrossis et simplifiés à l'extrême. On est rarement dans la mesure. Pourtant, les réseaux sociaux, ce n'est pas la vraie vie, c'est juste ce que chacun de nous veut bien montrer de la sienne, pour le meilleur ou pour le pire, rien de plus. Quand des journalistes font des papiers sur des « polémiques sur Twitter » entre untel et untel, on est à dix mille lieues de la réalité des gens, de leurs préoccupations. La reprise dans de nombreux médias de mes accrochages verbaux avec Pierre Ménès, franchement, ça intéresse qui dans la vraie vie ?

La culture du paraître me fatigue un peu. Oui, on s'expose, on est dans le culte des apparences, et plus dans celui des personnalités, c'est regrettable. Moi aussi, je préfère montrer mon meilleur profil sur une photo, mais je pense que le fond de nos pensées vaut mille fois la forme, un poil superficielle et/ou convenue du moment.

La télé offre un bon condensé de notre époque. Par exemple, un animateur comme Thierry Ardisson avait une vraie approche de l'interview, grinçante et directe, ça avait de la gueule, j'aimais beaucoup. Aujourd'hui, ces émissions me plaisent beaucoup moins, Ardisson est prisonnier d'un personnage en recherche permanente de buzz et de clash. Comme a pu le faire Laurent Ruquier en invitant Éric Zemmour et en donnant à ses « idées » une exposition incroyable (ce que Ruquier a regretté, d'ailleurs). Pourquoi inviter un type comme Zemmour sur un plateau ? Pour la liberté d'expression ? À moi de faire un peu de « provoc' » en disant qu'alors on pourrait inviter Dieudonné. Les deux ont été condamnés à des titres divers par la justice, l'un a été blacklisté, pas l'autre. Curieux manège. Un cirque médiatique où tout le monde donne son avis sur tout, et surtout n'importe quoi, et à n'importe quelle heure de la journée et de la nuit.

Personnellement, je trouve qu'il n'y a pas de honte à répondre « Je ne sais pas » à une question. On ne peut pas tout savoir sur tout, on n'est pas habilité à avoir un avis sur tout, tous les jours. Après, « les gens » font ce qu'ils veulent, et ils ne s'en privent pas, tout le monde les regarde !

Et le pire avec cette culture du clash, c'est que… ça marche. En termes d'abonnés Twitter, j'ai eu mes plus grosses hausses (dix mille par mois au lieu de deux mille habituellement !) au moment de mes discussions avec Pierre Ménès, ou au moment de la suspension provisoire de mon compte par Twitter. Drôle d'époque, c'est ainsi.

Sur les réseaux, je suis très accessible, et ce n'est pas parce que j'ai la pastille certifiée de Twitter que je vais commencer à me prendre pour celui que je ne suis pas. Quand j'ai débuté sur ce réseau, je posais des questions à des personnes qui ne prenaient pas le temps de répondre, et je trouvais ça dommage. Alors, quand on m'interpelle ou que l'on m'interroge, je tâche d'y répondre, cela me paraît normal.

Le côté « social » du réseau perd un peu de son sens quand un compte n'est qu'une plate-forme impersonnelle de publicité ou d'annonces, et je ne vois pas trop son intérêt dans ce cas. C'est d'ailleurs un reproche que l'on a pu me faire. J'ai effectivement noué, étant estampillé « Influenceur », des contacts avec des sociétés ou des institutions pour des opérations ponctuelles (avec la Fédération française de judo pour suivre les championnats du monde 2018, par exemple) ou sur le long terme, comme avec le PMU, où je propose avec l'aide de mes *followers* des paris sportifs. Plus récemment, je suis devenu l'un des ambassadeurs de la Ligue nationale de rugby, pour favoriser l'exposition de quelques messages et proposer de temps à autre, sans aucune contrainte, un gif d'un match de championnat. Cela ne représente qu'une toute petite partie de mon activité sur Twitter – au plus deux à trois messages par jour – et je n'ai vraiment pas l'impression de me transformer en homme-sandwich à ces occasions. Le choix de ces partenaires est le fruit de belles rencontres que j'ai pu faire. Un agent avec qui je travaille fait le tri dans les propositions (elle me connaît par cœur, totale confiance), puis, notamment lors des quelques voyages que je peux effectuer de temps en temps à Paris, je vais écouter mes interlocuteurs, souvent des hommes et des femmes passionnés, pleins d'énergie et de bienveillance.

J'ai pu rencontrer de grands patrons avec des personnalités attachantes. L'humour transcende les clivages et les différences, et constitue parfois un formidable levier pour susciter un dialogue : ainsi, j'avais un jour gentiment moqué le nom du joueur de football Laurent Ciman, au moment du transfert de cet international belge de football vers le club de Dijon. « *Pour les fondations, c'est bien* » (elle était facile), avais-je dit en commentant le recrutement de ce défenseur. Le président de Dijon m'avait ensuite envoyé un message disant que l'on commence toujours par les fondations, message assorti d'une invitation à me rendre au stade Gaston-Gérard à l'occasion. En plus, comme j'ai appris dans la foulée que le joueur avait choisi la Bourgogne pour permettre à sa fille autiste de pouvoir être accueillie dans un centre adapté à ses besoins, je serai ravi de mieux connaître ces hommes.

Je suis sollicité, oui, et je n'ai aucun scrupule à être sponsorisé : c'est ça, les sportifs de haut niveau ! Naturellement, je n'accepterais pas une entreprise, une association ou une fondation qui iraient contre mes convictions, même si le cas ne s'est jamais présenté jusqu'à maintenant. Je ne suis pas bête, ni naïf ; je suis bien conscient que ces partenaires éventuels ne sont pas uniquement là pour mon charisme et mon charme fous, et que mon nombre de *followers* leur importe aussi, mais j'ose croire que ces gens viennent vers moi également pour ce que je suis et ce que je peux représenter. Ces partenariats me permettent de bien vivre aujourd'hui et d'avoir mis définitivement (j'espère !) dans mes archives les formulaires d'obtention de l'allocation adulte handicapé.

#12

#Ohéme #Football

Bon, j'ai bien conscience que ce passage ne va pas plaire à tout le monde. Dans un pays où il y a 70 millions de sélectionneurs à chaque Coupe du monde, où chacun aime bien prêcher pour sa paroisse et où l'esprit de clocher règne encore joyeusement en 2019 je vous promets que ma petite ode à l'Ohème – un club que beaucoup adore détester ou vénérer, bref qui ne laisse pas indifférent selon l'expression consacrée – sera courte.

Ma passion pour le sport en général, le football en particulier, est née avec l'OM, avec le Vélodrome. La première fois, ce fut grâce à un oncle qui avait voulu me faire plaisir en m'emmenant dans ce grand vaisseau planté au cœur de Marseille. Pour une demi-finale de Coupe d'Europe des vainqueurs de coupe, un soir d'avril 1988. Quel baptême du feu ! Le bruit, les couleurs, les odeurs, j'ai tout de suite adoré. Un stade est un volcan toujours prêt à entrer en éruption : c'est ce qui fait le sel de notre passion. Le stade, où que l'on soit, quelle que soit l'équipe que l'on supporte, est le théâtre de nos rêves d'enfant. Et quand je vois entrer, là, à quelques mètres de moi, les joueurs de l'Ajax d'Amsterdam, dans leur mythique maillot rouge et blanc (mince, ils jouaient en bleu ce soir-là, mais je garde le rouge et blanc, ça claque plus) pour ce match contre l'OM, j'accroche direct. Bon, je passerai rapidement sur le match, une défaite, sévère (0-3, contre le cours du jeu, vraiment), contre les Néerlandais menés par un certain Dennis Bergkamp, avec qui je partage la phobie de l'avion (c'est le seul point commun que j'ai réussi à trouver avec ce génie du ballon rond).

À l'heure des retransmissions multipliées à l'envi, avec des caméras partout, des ralentis et maintenant les supposés progrès de l'arbitrage vidéo, l'image est au cœur du football. Au stade, tout cela n'existe plus, on s'en fiche des ralentis, de la *goal line technology* et du « révélateur » de hors-jeu. Ne restent qu'un rectangle vert, 22 joueurs, un trio arbitral et une balle blanche suivie par des dizaines de milliers de spectateurs (rectificatif pour Monaco, « suivie par des milliers de spectateurs »). Une action litigieuse, un pénalty non sifflé, les spectateurs réagissent, râlent, sifflent, s'expriment, et puis on passe à l'action suivante, happé que l'on est par les mouvements des petits bonshommes en short sur le pré. Comme au théâtre, tous sont acteurs d'une pièce dont, magie du sport, on ne connaît pas le dénouement. Quel pied !

Mon meilleur souvenir ? Cet OM-Montpellier de folie où mes favoris étaient menés 4 buts à 0 à la mi-temps. J'étais là, dans les tribunes, un peu éberlué par la correction que nous étions en train de recevoir. Qui plus est contre des voisins, des rivaux régionaux. Notre équipe avait pourtant fière allure. Les champions du monde Laurent Blanc, Robert Pirès et Christophe Dugarry étaient encore là lors de cette saison post-Coupe du monde. 4 à 0. Les supporters ont souvent honte pour leur équipe de ce genre de résultat à domicile. Un peu en colère aussi de la voir ridiculisée de la sorte. Je n'échappais pas à la règle, loin de là. J'étais aussi furax que mes coreligionnaires (il y a un petit côté religieux à aller au stade ensemble, non ?) Et puis, la magie opéra. La glorieuse incertitude du sport, comme dirait l'autre, fit son apparition. Et le miracle (tiens, encore une référence religieuse, mince) fut pour l'OM, dont les joueurs retournèrent la situation pour gagner finalement le match 5 buts à 4. J'ai encore en tête des sensations de ce match. Regarder un résumé sur Internet me donne encore des frissons, et me procure une joie immense. Là, vous ne me voyez pas, mais mon visage se barre d'un sourire un peu con à l'évocation de ces souvenirs. Mais c'est comme ça, j'adore ce sport et les émotions qu'il m'a offertes ce soir-là.

Le match de l'OM contre le PSG, le 29 mai 1993, a aussi une saveur particulière. L'OM était champion d'Europe depuis quelques jours seulement ; un évènement qui avait dépassé le cadre du sport, et qui, je crois ne pas me tromper, avait eu un écho national. Partout ou presque avait été célébré le triomphe – le premier pour un club français – européen de l'OM. À Marseille, on sentait bien cet élan, jamais renouvelé, de sympathie pour notre club : quelle fierté ! J'ai senti, expérience un brin flippante, le stade trembler au moment du but de Basile Boli, un coup de tête ahurissant porté depuis la limite de la surface de réparation dans le but de Bernard Lama. Regardez les images, la caméra installée sur le toit du stade et qui filme le but de Basile en vibre ! Le volcan venait d'entrer en éruption. Engoncé dans mon fauteuil, j'ai vécu l'un de mes meilleurs moments d'émotion et d'adrénaline pure, et ce, sans m'accrocher au grillage ni lever une jambe !

Ma découverte, puis mon amour pour l'OM, s'est faite en solo, dès le deuxième match. Je n'ai pas eu à proprement parler de mentor ni de guide pour aller au stade. Mais je ne me suis jamais senti seul au Vélodrome. Abonné de 1986 à l'an 2000, j'étais dans un groupe de supporters « handi » appelé les Magic, dans un espace réservé aux handicapés. Rien ne remplace les sensations du match vécu depuis le stade. Si d'autres matches ont marqué l'histoire du club et m'ont rempli de joie eux aussi – et je pense, bien sûr, à la victoire contre Milan en finale de Coupe d'Europe des clubs champions –, ils n'ont pas eu la même saveur pour moi, car je n'étais pas là, en tribunes, à vivre cela. J'aime beaucoup le football à la télévision, mais il met une distance avec le téléspectateur que seuls les très grands matches arrivent à combler. Même le dingue de foot peut le reconnaître, la plupart des rencontres que l'on regarde sont oubliées ou presque dans la semaine suivante. Mais le match de l'OM où tu as vu de tes yeux, au stade, Chris Waddle régaler contre Nancy sur son côté droit pendant 90 minutes, ou Carlos Mozer jouer le *Cesar Imperator* dans sa surface de réparation contre le même adversaire (j'avoue, j'ai choisi Nancy au hasard, désolé les copains et copines de Lorraine), celui-ci, tu t'en souviendras toute ta vie.

#13

#Malade #1985

Au retour d'Algérie, je reprends un semblant de vie sociale. Pas difficile en passant de « rien » à « très peu », mais la découverte du sport, de l'OM, du Vélodrome, me fait du bien à la tête. Nous sommes désormais installés à Aubagne, le pays de Marcel Pagnol, à quelques kilomètres de Marseille.

Par contre, physiquement, les évènements s'accélèrent, et mon corps envoie des signaux de plus en plus inquiétants quant à sa volonté de bien fonctionner, le bougre. Je vais vivre quelques années particulièrement compliquées, je ne vous le cache pas. Il m'arrive tout d'abord un drôle de truc (oui, c'est le mot qui me vient à l'esprit, un « truc ») : je ne pouvais plus dormir allongé. Voilà qui est embêtant. Cela dure quelques jours et, à la maison, j'entends le pire en me faisant – le mot n'est pas trop fort – littéralement pourrir avec des phrases du genre : « Mais c'est dans la tête que ça se passe ! » (Bon, là je me vois obligé de faire un rapide aparté : si quelqu'un de votre entourage ne se sent pas bien, est déprimé, ressent des douleurs, ne lui dites jamais cela, mais écoutez-le juste quelques instants, merci.)

Comme mon état ne s'améliorait pas, malgré mes intenses plissements d'yeux et formation prématurée de rides sur le front, signes de mes profonds efforts intellectuels (« Bah oui, c'est dans la tête, je te dis ! ») pour résoudre le problème qui m'affectait, je suis allé voir un médecin. Quelques examens et prises de sang plus tard, les résultats tombent, et je suis hospitalisé immédiatement aux urgences pédiatriques. Tout se joue en quelques heures puisque, au moment même de mon installation à l'hôpital, mon état se dégrade de nouveau. Fiévreux, vraiment pas bien dans mes pompes, je perds pied, puis je tombe dans le coma.

Bon, c'est là que commence la partie « Dictionnaire médical » du livre, je vous préviens ! L'air grave, le médecin-chef du service pédiatrie s'approche de ma mère pour lui signifier qu'il faut se préparer au pire, que son fils est affecté par une pneumopathie doublée, pour faire bonne mesure, d'une cardiopathie. Pour résumer : infections pulmonaires et cœur en carafe. En clair, je ne passerai pas la nuit.

Je n'ai pas su ce qui s'est passé pendant ces quelques heures. Vraiment rien. Je me suis juste réveillé le matin, avec à mes côtés la présence rassurante de ma grand-mère maternelle. J'avais passé la nuit, je faisais encore partie du monde des vivants. Était-ce pour le vérifier à 100 % que j'ai alors demandé à ma grand-mère : « Mets la TV, s'il te plaît » ? Philippe Risoli ou les présentatrices de *Tournez Manège* étaient bien là, sur le petit écran posé dans un coin de la chambre ; j'étais bien vivant.

Je n'ai pas 15 ans et je n'en ai pas fini avec les gros ennuis de santé, loin de là. Pendant plusieurs mois, je fais des décompensations respiratoires. Ces gênes pulmonaires persistantes sont des symptômes de la myélopathie (mot compte triple au Scrabble, 75 points minimum) qui m'affecte : oui, pour la première fois, on met un nom sur le mal qui me pourrit la vie, moi, mes jambes, mon corps, depuis des années. Après bien des diagnostics et des supputations, je peux enfin associer un nom à ce fauteuil de métal qui m'accompagne quotidiennement depuis l'âge de 9 ans. Concrètement, cela ne change rien à mon quotidien, ni à la façon que j'ai d'aborder la vie. La myélopathie est le nom générique donnée aux maladies de la moelle épinière, et fait partie de la famille des myopathies. La gaine qui protège la moelle épinière a été attaquée (pour les myopathes, c'est la moelle qui est touchée directement ; dans mon cas, ce n'est « que » ce qui l'entoure). Atrophie des muscles et problèmes respiratoires en sont les principales conséquences, et elles sont irrémédiables.

J'apprends donc que j'ai gagné le double loto de la « loose ». Le Loto avec la malformation et l'Euromillions avec la myélopathie. Sachant que les deux sont indépendants, j'aimerais bien savoir quelles étaient mes « chances » de combiner ces deux malheurs. Moi qui suis féru de paris hippiques et sportifs, je suis sûr que la cote devait être sensationnelle.

En attendant, il faut bien s'occuper et, en 1988, je suis opéré du dos afin de permettre à mon diaphragme d'avoir un peu plus de place et favoriser mon flux respiratoire, qui n'est pas au top de sa forme. Mais, à la suite de l'opération, les chirurgiens sont contraints de me faire une trachéotomie. Ma gorge est percée afin de permettre la mise en place d'un système respiratoire électrique. Ce jour-là, c'est une tante qui m'a annoncé cette nouvelle, ma mère, par lâcheté probablement, ne voulant pas s'y atteler.

Depuis, je vis sous perfusion respiratoire permanente. Toujours relié par un simple tuyau plastique à un appareil électrique. Sous assistance constante, avec la crainte de la panne et de la défaillance, celle qui me fait devenir bleu schtroumpf en quelques secondes. C'est une vraie source d'inquiétude pour moi et, lors de mes déplacements, j'aime me rassurer en m'installant à proximité d'une prise électrique pour recharger les batteries au maximum, ou au moins repérer son emplacement et passer un moment en toute sérénité : je sais que, « au cas où », le salut ne sera pas loin.

#14

#Grandir #MalgréTout

Pendant mon enfance, au quotidien, – ô surprise – la vie à la maison est morose, « l'ambiance » toujours tendue, stressante : chacun vit dans sa bulle, avançant, tant bien que mal, sur les chemins escarpés (et en fauteuil je peux vous assurer que c'est parfois compliqué) que cette vie nous offre. Je suis scolarisé, et partout où je passe, cela se déroule bien. À Saint-Barnabé, au moment du divorce, du côté de Flamanville, ou à Lakanal, plus tard, ou à Brochier pour mon BEP, je suis un camarade apprécié, semble-t-il, et je garde des bons souvenirs de l'école. Je suis un élève comme les autres. Je me débrouille en maths, j'aime assez les sciences, mais assez vite, je m'ennuie. De l'école, de mon environnement. Comme l'impression d'être un poisson rouge dans un bocal, en vase clos. Au fond de moi, je ressens une énergie, l'irrépressible envie de vivre, de profiter de chaque instant. Mais, pour le moment, l'horizon est bouché. Il faut patienter. Et plus je progresse dans le cursus, plus je m'approche des orientations professionnelles, comme au BEP Comptabilité, et plus je ne me sens pas à ma place, coincé entre les tables et les murs de ces établissements. Cette voie ne me plaît pas, mais c'était ça ou puériculture, alors… Bref, je m'emmerde !

Ma vie est monotone. Ma vie, c'était ça : je passais mes journées au bahut, je rentrais des cours, je mangeais un plat congelé et je partais dans ma chambre. Socialement, ce n'est pas le pied !

À l'âge de 15 ans, j'entreprends de commencer le tennis de table, un des rares sports compatibles avec mon état de santé et la contrainte du fauteuil. Au contact des pongistes, je vais passer une dizaine d'années autour des tables, à vivre moi aussi des émotions sportives, le plaisir de la gagne, la rage de la défaite.

Personnellement, je m'accroche aux branches d'humanité qui dépassent, ici ou là. Dans les paroles réconfortantes de ma grand-mère ou, un peu plus âgé, lors de week-ends salvateurs avec mon oncle et ma tante. Vous ne pouvez pas imaginer comment j'attendais ces vendredis soir, à trépigner dans mon fauteuil, prêt à mettre les gaz pour m'échapper de l'appartement familial, et retrouver un cadre simple, chaleureux et attentionné. Oui, j'ai eu de la chance. De la chance de pouvoir connaître autre chose que le quotidien cloisonné et sinistre qui m'était réservé, de pouvoir ouvrir en grand les fenêtres et regarder ce qui se passe au dehors. Avant les réseaux sociaux, avant de connaître d'autres personnes merveilleuses, ces week-ends ont été comme des prises d'oxygène pur en haute montagne, nécessaires, indispensables, vitales même. Cet oncle et cette tante paternels étaient mes repères, chaque quinzaine. Deux jours sur quatorze, ça peut ne pas signifier grand-chose, oui, ça passe bien trop vite, et les retours du dimanche soir étaient aussi navrants, glauques et angoissants qu'étaient joyeux les fins de vendredi. Ces épisodes de bonheur, de 15 à 18 ans, me permettent d'imaginer un futur sans ma mère, à un âge où on peut exprimer plus facilement ses sentiments et ses opinions, se défendre, et où on peut, enfin, dire : « Je peux venir chez vous, de temps en temps ? » Et mon soulagement de constater que, enfin, je suis entendu, que je vais pouvoir discuter, échanger, raconter mes journées, en un mot : respirer.

#15

#Malade #Respirer

Enfin, respirer, respirer… le mot est un peu fort. Vous connaissez ce jeu qui consiste à dire : « Tu préfères avoir une jambe en mousse ou parler avec la voix de Daffy Duck ? » Eh bien moi, je suis le double gagnant ! La respiration, la fonction la plus naturelle, la plus anodine, la moins consciente de toutes pour la plupart d'entre nous, ne l'est pas pour moi. Conséquence de la trachéotomie : seul un mince filet de voix, rauque et assez aigu, peut s'échapper de mon corps. La parole me fatigue vite, et je ne peux pas tenir une simple conversation plus d'une demi-heure, cela met mes cordes vocales au supplice. Je bascule alors avec mon interlocuteur vers les messages écrits, plus courts. Cela ne m'empêche pas, par une mimique, une grimace ou un sourire (oui, les grands éclats de rire sont pour moi impossibles) de garder la spontanéité d'un échange « normal » de vive voix.

Est-ce pour cela que j'ai développé, comme un animal qui s'adapte à son environnement, une agilité particulière des yeux et des doigts, et le goût du bon mot, court et incisif ? Je me plais à le penser, cela me donne un côté Super Héros qui ne me disconvient pas ! En effet, je pense que j'ai progressivement compensé les lacunes de mon corps pour développer d'autres fonctions. Mon corps ne répond pas présent, eh bien mon cerveau fonctionne, et je l'utilise ! Toute mon énergie se concentre sur l'esprit, les yeux, et les quelques doigts qui me suffisent pour taper sur les touches de mon clavier. Je suis alors en mode « hyperactivité cérébrale », concentré, à l'affût d'une image, d'un bon mot, d'une information, les yeux rivés sur les écrans, à me balader visuellement – à défaut d'une vraie promenade – entre ma télévision et mon moniteur.

Je suis plutôt un taiseux de nature, plus enclin à écouter qu'à déblatérer. Mon handicap a accentué ce côté un peu « ours », que mon physique plus rond que carré – si vous voyez ce que je veux dire – met un peu plus en évidence. Puisque je ne peux pas parler autant que je le voudrais, je choisis mes mots. Parler me coûte, ce n'est vraiment pas un plaisir, je dois parfois me répéter pour bien me faire comprendre, c'est un peu usant à force. Pour moi, c'est donc une nécessité d'employer le mot juste, la bonne expression, afin de m'économiser. C'est une capacité que j'ai développée et qui me sert sur Twitter, et à l'écrit en général, où je préfère les messages courts aux longues envolées lyriques : en quelques lignes, quelques mots, il faut marquer les esprits par une vanne incisive ou une réplique bien sentie. Pas de « bla-bla », pas de chichi, la phrase doit « imprimer » rapidement sur celui qui la lit, faire réagir rapidement. C'est le charme de ce réseau social, cette interaction, cette vitesse et cette spontanéité. Ce n'est pas sur Twitter qu'il serait possible de tenir une vraie discussion, de développer des arguments, de nuancer ses propos, de modérer une opinion. Twitter est plutôt une vitrine où chacun expose ses idées de manière unilatérale. Avec les inconvénients qui en découlent, avec parfois une agressivité et une violence verbale que l'on ne trouve pas dans la vie réelle. Twitter est devenu pour certains un défouloir où les pires idées peuvent s'exprimer en toute impunité. Si j'utilise un pseudonyme, je ne me cache pas pour autant. Les utilisateurs du réseau me connaissent, savent ce que je fais, où je vis, et j'exprime mes idées en mon nom public, celui de Philousports. De nombreux comptes n'ont pas ces scrupules.

Malgré tout, pour moi, c'est une famille, comme je le dis parfois. Oh, pas la vraie de vraie – celle avec qui je vis aujourd'hui, pour mon plus grand bonheur, dans mon coin de Corse –, mais une famille énergique et généreuse, qui a su démontrer avec beaucoup de cœur que, sur Twitter, des merveilles peuvent s'accomplir.

#16

#Philousophie #LaVie

Bon, je vous rassure, j'en ai fini avec le dépouillement de mon carnet de santé, un des plus fournis et des plus épais du pays ! Handicapé, myopathe, cloué sur un fauteuil, doté de la respiration de Dark Vador, je cumule les fonctions comme le ferait un député-maire-président d'agglomération en politique.

Être handicapé n'est pas une sinécure. Déjà, il faudrait accepter ce statut, il faudrait accepter son handicap, comme il faudrait accepter chaque changement, nouveauté ou autre, lié au handicap. Ça, c'est la théorie, les grands principes, ceux qu'on entend parfois dans la bouche de certains donneurs de leçons qui connaissent tout sur tout. Mais, je le dis en toute humilité, c'est impossible. La personne qui va dire qu'elle a accepté à 100 % son handicap, qu'elle vit bien son handicap, qu'elle « fait très bien avec », est une menteuse. Cette personne ment aux autres, ce qui n'est pas très grave, mais surtout elle se ment à elle-même. Un handicapé subit de plein fouet les blessures de son corps, je suis assez bien placé pour vous le confirmer.

J'ai marché jusqu'à mes 8 ans environ. J'ai aujourd'hui perdu tout souvenir de cette sensation.

J'ai respiré normalement jusqu'à mes 15 ans. J'ai aujourd'hui besoin d'un respirateur artificiel pour soulever mon diaphragme.

Je n'ai plus de souvenirs de sensations physiques d'avant, quand j'étais valide.

Je ne sais plus ce qu'est la sensation de marcher.

Je ne sais plus ce que c'est que de respirer sans y penser (je ne pense qu'à respirer).

Je ne sais plus bouger un bras sans sentir de douleur musculaire.

Tout cela, je le vis au quotidien, physiquement.

Est-ce que je regrette de ne plus vivre certaines sensations du passé ? Est-ce que mes nuits sont peuplées de rêves où je gambade librement dans les prés, respirant à pleins poumons, où je marque but sur but dans un Vélodrome en folie après avoir dribblé toute l'équipe comme le faisait Chris Waddle ou notre futur « grantakant » ? Clairement, non. À quoi cela me servirait-il ? Pourquoi rêver l'impossible ? Je n'ai pas de temps à perdre avec ces considérations, le temps m'est trop précieux pour que je m'égare dans ces pensées. Car je ne sais pas combien il me reste de temps, justement. Car tout peut s'arrêter du jour au lendemain pour moi. C'est la règle du jeu qui m'a été imposée, à moi le myopathe « à l'insu de mon plein gré », pour reprendre l'expression du cycliste Richard Virenque popularisé par sa marionnette dans *Les Guignols de l'info.*

Vivre sans l'assurance de revoir le soleil se lever le lendemain matin, c'est finalement ce qui nous concerne tous sur cette bonne vieille planète. C'est pour cela que j'ai adopté une philosophie de vie très épicurienne : je veux vivre ma vie à 100 %. Quand on a mis un nom sur ma maladie, j'ai dit que cela n'avait pas révolutionné mon quotidien, c'est vrai. Mais après réflexion, je pense que cela m'a rendu encore plus impatient, plus exigeant encore vis-à-vis de moi, pour rendre mon passage sur terre le plus chouette possible. À 16 ans, quand on apprend une telle nouvelle, avec les conséquences qu'elle implique, on veut tout péter (bon, à 16 ans, j'ai surtout involontairement pété le bar situé juste à côté de mon lycée pro), dans la tête tout va à une vitesse folle. J'ai alors listé mentalement tous mes rêves, toutes les personnes que j'aimerais rencontrer, tous les évènements que j'aimerais vivre. Malgré la maladie, malgré le passé.

Je veux kiffer la vie. Je suis un pressé, un forcené de la vie, mon cerveau a toujours deux coups d'avance pour imaginer un futur forcément rose. Je veux tout faire, vite, mordre dans la vie à pleines dents, ne jamais m'arrêter, être toujours en mouvement. Malgré le fauteuil, malgré l'immobilisme.

Je multiplie les rencontres, je me déplace dans la mesure de mes moyens le plus souvent possible, à Paris, à Londres pour les Jeux paralympiques, au restaurant sur la plage tout près de chez moi. Les lieux n'ont guère d'importance, seuls demeurent les sourires, les rires et le bonheur alors généré. J'ai la chance d'avoir rencontré les idoles de ma jeunesse, vous imaginez ? Jean-Pierre Rives, la gentillesse incarnée, l'ancien rugbyman au maillot souillé de son propre sang (et un peu de celui de ses adversaires), adoré par tous les amoureux de ballon ovale. Et le Pelé du rugby, Serge Blanco, cet athlète merveilleux qui m'aurait fait lever de mon siège si je l'avais pu lors de la Coupe du monde 1987 ou lors des Tournois des V Nations qui ont illuminé mes samedis après-midi. Les avoir là, à mes côtés, quelques instants, c'est quelque chose ! Mes idoles de jeunesse ! Et cette simplicité, toujours, de ces personnalités, accessibles, détendues, bien dans leurs baskets. De vrais modèles pour moi. Plus près de nous, j'ai aussi rencontré mes sportifs préférés : les rugbymen Guilhem Guirado et Thierry Dusautoir, les footballeurs André-Pierre Gignac et Steve Mandanda, alors tous deux à l'OM.

Chaque rencontre est spéciale : que ce soit avec le patron d'une chaîne de magasins d'électroménager Boulanger (oui, je parle comme un mec né dans les années 1970, j'assume) ou avec une journaliste talentueuse et amoureuse de rugby sur Canal+, ou avec un de mes *followers*, ce sont toujours de bons moments. Toujours de l'empathie, de la bienveillance, et ces regards ou ces mots qui te donnent la force de continuer. On est rarement déçu dans ces instants-là, au contraire. L'image que peuvent renvoyer toutes ces personnalités n'est pas toujours conforme à la réalité. Personne ne m'a vraiment surpris, car j'avais déjà eu l'occasion de leur parler avant, par le biais des réseaux, publiquement, ou par messages privés. Toutes ces rencontres sont provoquées... mais sans vraiment l'être. Oui, je rêve de pouvoir échanger avec les gens que j'admire, j'adorerais rencontrer des hommes et des femmes pour discuter avec eux sur des sujets sérieux ou plus légers. Comme je l'ai dit, je veux profiter de tout, donc de tous, jusqu'à mon dernier souffle. Mais je ne sollicite pas les rencontres, je respecte l'intimité et la vie privée de chacun, je ne suis pas un « forceur ». J'ai mis deux ans avant de rencontrer ma journaliste préférée, Isabelle Ithurburu, présentatrice sur Canal+ d'émissions sportives et du *Tube* ; nous avons fait connaissance sur Twitter avant de sympathiser et de pouvoir, enfin, nous rencontrer lors d'un de mes déplacements dans la capitale. Isabelle m'a ensuite permis de voir l'envers du décor des plateaux télé, quand Canal+ et elle m'ont consacré un reportage. Isabelle a été l'une des premières à me suivre sur Twitter, à échanger avec moi, en toute simplicité, et à supporter mes vannes et mes taquineries à son égard. Elle est une amie sûre et fidèle, d'une gentillesse et d'une disponibilité à toute épreuve. Comment ne pas l'aimer, n'en déplaise à un journaliste du *Monde* qui préférait y voir une *« love story fantasmatique »*, alors que c'est tout simplement une belle histoire d'amitié ?

Oui, cette certaine visibilité que j'ai grâce à Twitter est géniale, pas pour la gloire, la renommée, l'argent et les femmes (je n'aimerais pas briser trop de couples), mais parce que, tout simplement, elle me permet de profiter de la vie et de réaliser une partie de mes rêves... en attendant les autres.

#17

#UnFauteuilPourPhilou #VousÊtesFormidables

Je dois le confesser : les mondanités, les dîners en ville, les soirées ne sont pas trop mon truc. Sacré paradoxe pour quelqu'un comme moi, qui peut être omniprésent sur une journée avec les réseaux sociaux avec plusieurs dizaines de messages quotidiens. Globalement, j'apprécie ma tranquillité, même s'il n'est absolument pas désagréable d'être reconnu par un *twitto* et d'échanger avec eux quelques mots (pas trop fort d'ailleurs, je ne suis pas sourd, merci !), même si le dialogue n'est pas pour moi un moyen de communication naturel. Lors du reportage que m'avait consacré *Le Tube*, j'avais d'ailleurs échangé par SMS pour une entrevue pas comme les autres, avec un interviewé qui n'avait probablement jamais si peu parlé dans l'histoire mondiale des interviews ! Néanmoins, j'aime les rencontres au long cours, celles où, petit à petit, on apprend à mieux se connaître, au gré des messages, puis des rencontres « en vrai ».

Isabelle Ithurburu a été l'une de ces superbes rencontres, mais je me dois de la rendre un peu jalouse en disant qu'elle ne fut pas la seule (c'est horrible cette phrase, on dirait Casanova qui fait le compte de ses conquêtes à la fin de sa carrière) : Nathalie Ianetta a été un super soutien et n'a jamais cessé d'échanger avec moi, même quand elle était très occupée avec son poste de conseiller Sports auprès de François Hollande, à l'Élysée. J'ai peur d'en oublier : Anne Saurat-Dubois, merci ; Mary Patrux, merci ; Xavier Beauvois, merci ; Claire Arnoux, merci ; Camille Combal, merci ; Smail, Xavier, etc. Merci pour votre temps, votre soutien, votre générosité, merci pour ces moments loin des regards, avec la discrétion et la classe que vous avez tous et toutes bien ancrées en vous. Pourquoi ces remerciements ? Tout simplement grâce à une histoire de fauteuil électrique.

En février 2016, en Corse comme ailleurs, le temps peut être maussade et le moral, en berne. Twitter est alors un exutoire pratique, un outil qui me permet d'exprimer un ras-le-bol, un mal-être. Je ne le fais que très rarement, car je pense que ce n'est pas le lieu pour cela, que ce qui me concerne, ma santé, mon corps, ce sont mes soucis, mes problèmes. J'en parle volontiers en privé, notamment avec les personnes que j'ai nommées plus haut, et en famille aussi bien sûr, mais rarement en public. Pourtant, ce matin-là, il fallait que ça sorte, comme on dit. Je craque et balance un message : « *Ça fait juste un an que je ne fais plus rien seul, car le fauteuil mécanique n'est plus adapté à mon handicap.* » En effet, depuis un an, une sciatique me broie le dos, je me coltine dossier sur dossier pour obtenir de l'aide pour ce fauteuil, mais rien n'avance depuis six mois, moi inclus. Mon message d'humeur se trouve vite partagé par de nombreux internautes. Le lendemain, la journaliste de *L'Équipe* Lawrence Leenhardt rebondit sur mon message… et propose de créer une cagnotte sur un site de financement participatif ! Personne ne le voit à ce moment-là, mais je deviens alors tout rouge, et terriblement gêné. Mon message était un coup de gueule, un cri du cœur aussi pour expliquer tous les bâtons qu'on peut mettre dans les roues des fauteuils des handicapés. Lawrence persiste, insiste, et signe : « *Vous adorez ses gifs, son humour pertinent, sa sensibilité, son regard sur le sport, les Corses, Isa Ithurburu… Même s'il est un peu gêné de l'initiative, il faut une somme suffisante pour que Philou puisse acheter un fauteuil électrique.* » Un peu gêné ? Je suis absolument embarrassé, oui ! Je me fais tout petit, je m'écrase encore plus sur mon vieux fauteuil, bref, je ne sais plus où me mettre. Et ce n'est que le début.

Lawrence crée une cagnotte, avec un objectif de 3 500 euros, une somme rondelette qui me permettra de compléter mon financement. Là, je rougis de nouveau, la gentillesse de l'initiative, son énergie, sa détermination, me laissent pantois. Les mots employés me réchauffent le cœur, je suis abasourdi par cette démonstration de bonté. Et je ne suis pas au bout de mes surprises. En quelques heures, je suis envahi par ce que j'ai alors appelé un « *tsunami d'amour en pleine gueule* ». Les internautes, sur tous les réseaux sociaux, relaient le message de Lawrence des dizaines de milliers de fois. Les premiers dons arrivent, puis d'autres, encore d'autres, par centaines. En quelques heures. Deux ans après, je me pince encore pour y croire : 1 214 donateurs ont fait gonfler la cagnotte jusqu'à atteindre 15 294 euros. En un jour. 15 294 euros. En un jour. J'ai dû le relire plusieurs fois pour y croire. Devant mon écran, incrédule, les larmes me montent aux yeux. Je n'ai pas vu arriver la déferlante. Pas préparé, immensément surpris, j'ai du mal à trouver les mots, moi d'habitude si prompt à envoyer des messages. Et il faudrait remercier tout le monde, individuellement, ceux qui ont donné, ceux qui ont relayé, ceux qui en ont parlé à l'apéro avec un pote, son frère ou sa belle-mère. La folie.

« *Je n'ai pas les mots, là, tout ce que je dirai sera aussi cruche qu'à une remise des César* », twitté-je alors, confus (et depuis, je ne vanne plus un seul gagnant aux César). Ces journées de février deviennent les plus belles de l'année, et j'y replonge mentalement volontiers quand j'ai un petit coup de « moins bien ». Repenser à toute cette générosité, à ce qui peut ressortir d'immensément bon d'un réseau social, me fait du bien. Au fond de moi, cela me conforte aussi : comment savoir, en tant que personne, qu'on est dans le vrai, le bon, qu'on n'est pas à côté de la plaque, mal perçu. Parfois, il m'arrive de ne pas envoyer de messages pendant une semaine pour voir si on reviendra vers moi, car j'ai toujours cette crainte de n'être que la caution « bonne action » de quelqu'un, et je doute.

Je sentais, au travers de messages, que je donnais beaucoup à certaines personnes, avec beaucoup de bienveillance et de désintéressement, et je reçois en retour le centuple, et ma vie s'en trouve changée en plus !

Avec l'argent collecté, je peux m'acheter un fauteuil électrique de compétition : 8 000 euros sont consacrés à cet achat. Le bolide peut foncer à 10 kilomètres à l'heure, c'est la Rolls Royce des machines qui est livrée un beau matin dans ma chambre. Sur la route, j'ai l'impression d'être un des *bikers* de *Easy Rider*, cheveux au vent, à fond les manettes. Des images fugitives du chopper offert par mon père reviennent aussi, forcément.

Je mets le reste de l'argent de côté pour financer mes futurs voyages à Paris, dont le prochain où je vais essayer de rencontrer le maximum de mes bienfaiteurs. Superbes moments à venir en perspective, et je m'en réjouis à l'avance. Un déplacement dans la capitale – ou même à Bastia, où un taxi me coûte 100 euros pour rentrer chez moi – s'organise et coûte de l'argent. Cette cagnotte me dégage aussi l'horizon pour cela. Ah, les voyages ! Ah Paris, ses rues, ses commerces, leur accessibilité ! Ou non. Même avec le plus beau des fauteuils.

#18

#GarderLeMoral #OuPas

Je suis dans un fauteuil depuis mes 9 ans. Cette situation génère un puissant sentiment d'injustice. C'est comme si j'avais gagné au loto de la vie de perdant. Et pas que 3 numéros, les 6 numéros plus le complémentaire. Je vis avec cela, mais je tâche de le canaliser, de le contrôler. Parfois, cependant, c'est plus fort que moi, et là, moralement, c'est plus dur.

Je peux avoir des périodes où j'en veux à la terre entière. Ça dure quelques jours. Alors je me renferme sur moi-même, je parle peu, j'envoie moins de messages sur les réseaux sociaux, ou ceux-ci sont moins enjoués, avec moins de smileys et de bonne humeur. À la maison, je peux me contrarier pour un rien, je deviens irritable, à fleur de peau, le quotidien me pèse.

J'essaie alors de ne pas céder à des idées trop sombres, à ne ressasser ni le passé, ni ma condition de handicapé. Comme pour des grands sportifs, mon mental flanche parfois ! Et le corps m'envoie des signaux, ou plutôt je ressens pleinement toutes ses imperfections, toutes ses lacunes. Elles me pèsent alors particulièrement, elles me peinent, elles me font mal, jusqu'à ce que j'atteigne ce que j'appelle « la limite ». Cette ligne rouge, c'est un peu celle du désespoir. Pour la franchir, je fais un geste simple : je me débranche du respirateur. L'air ne circule plus dans les tuyaux, mes poumons ne sont plus alimentés, je suis comme une voiture lorsque le voyant indiquant qu'on est sur la réserve d'essence se met à s'allumer. Rapidement, l'air manque. Je suffoque. Tout peut s'arrêter. Je remets alors le respirateur en marche. L'air revient. Comme une nouvelle vie. Les idées se remettent progressivement en place, je suis là, je suis vivant, je veux vivre. Je reviens toujours. La soif de vivre est toujours gagnante.

Vivre, tracer sa route, toujours. Et par opposition, logiquement, je n'aime pas trop ressasser le passé ; je regarde devant. Je n'ai rien oublié des brimades, des abandons, des humiliations de mon quotidien « d'avant ». Mais qu'y faire ? L'amertume n'est pas un moteur pour moi. Et vis-à-vis de ceux qui ont souffert plus que moi, ou qui souffrent encore, ce ne serait pas correct. On ne peut s'apitoyer sur son sort sans penser à ceux qui sont encore affectés, ou qui l'ont été.

Pour moi, d'ailleurs, tout est pardonné. J'ai tiré un trait sur ce passé, n'en conservant que les quelques souvenirs que j'aime convoquer parfois, mais je n'apprécie pas particulièrement de me replonger dans ce qui n'est plus. Une fois, un ami, probablement féru de généalogie, m'a demandé qui étaient mes aïeux, ce que faisaient mes arrière-grands-parents, d'où ils étaient originaires, etc. Après lui avoir brièvement répondu, j'avais vite enchaîné en lui disant que je me fichais de mes origines. Complètement. Du côté de ma mère et du côté de mon père. Pour moi, compléter mon arbre généalogique n'a aucun sens. Et pas parce que sous mon nom il n'y aura pas, a priori, grand monde, que je ne serai pas capable de le prolonger. Non, tout simplement parce que je suis entièrement, exclusivement et uniquement porté vers la journée qui se déroule aujourd'hui et de ses lendemains, que je désire intenses et pleins de vie. Je ne renie pas mon passé, non. Je ne sais que trop bien d'où je viens. Mais, avec tout le respect que j'ai pour mes grands-parents – elle la couturière, lui, le légionnaire, eux qui ont été de magnifiques soutiens –, je n'ai pas de temps à perdre avec cela, je préfère l'avenir. Je pourrais probablement comprendre certaines choses en me plongeant dans mon passé familial, j'en conviens. Mais, aux tourments du passé, je préfère mille fois les espoirs du futur, ses lumières, mes envies. Je n'ai pas le temps. Je veux avancer. Je n'ai pas prévu de vivre vieux mais de vivre fort.

#19

#PhilouTV

Je suis un enfant de la télévision. Parce que mes yeux sont la partie la plus mobile de mon corps, parce que ce fut pendant longtemps un divertissement et un passe-temps presque vital, et parce que j'aime ça, tout simplement. Et puis, je considère que l'âge d'or de la télé correspond à ma jeunesse, avec des figures et des émissions qui ont marqué des générations de téléspectateurs. Avec quelques chaînes seulement, le choix n'était pas si grand. Je ne suis pas nostalgique des grandes années TF1/Antenne 2 des années 1980, mais plutôt de la magie Canal qui a opéré dans les années 1990 et a transformé la façon que nous avions de vivre la télévision.

Bien sûr, en tant que fan de sport, j'ai été biberonné aux premiers magazines consacrés au football, comme *Téléfoot* le samedi soir, présenté alors par Pierre Cangioni, où j'attendais fébrilement le résultat de l'OM, à une époque où aucun match du championnat de France n'était diffusé – ce qui semble aujourd'hui inimaginable. Et une émission comme *Stade 2*, le dimanche en début de soirée – avec son générique de légende (avec le chronomètre qui se transformait successivement en athlète, en cycliste, en lanceur de disque, puis, enfin en lettres traçant « Stade 2 ») ; avec les résultats (et l'interminable liste de panneaux des résultats du championnat de France de rugby, avec 40 équipes, dont Tyrosse, Graulhet et Angoulême) ; avec des reportages et des voix comme Robert Chapatte ou Jean-Paul Ollivier – m'a profondément marqué. Plus tard, sur Canal, une émission comme *L'Équipe du dimanche,* avec Pierre Sled et ses polos bariolés, m'a permis de combler mon insatiable appétit de buts et d'exploits des plus grands joueurs européens, jusque tard le dimanche soir. La grande époque Canal+ a probablement été à l'origine des meilleurs moments de télé que j'ai pu connaître. L'esprit Canal, c'était quand même quelque chose ! Quelle énergie, quel vent frais ont secoué nos écrans de télévision au cœur des années 1990 grâce à eux, Antoine de Caunes, Philippe Gildas, Les Nuls ; le cinéma à n'importe quelle heure de la journée et, bien sûr, le sport avec les commentaires éclairés et dynamiques de toute une génération de journalistes sportifs dirigés par Michel Denisot et Charles Biétry, et des nouvelles voix comme Thierry Gilardi, Grégoire Margotton, et tant d'autres !

Comme beaucoup, j'avais été attristé à l'annonce de la mort prématurée de Thierry Gilardi, un authentique passeur d'émotions, capable de nous hérisser le poil avec des commentaires justes et précis. À cette époque, sur Canal, on en avait pour notre argent. Du ciné, des séries qu'on ne voyait nulle part ailleurs, et du sport, beaucoup de sport !

Mais les retransmissions sur les chaînes publiques et gratuites avaient un côté « grand-messe » populaire et accessible à tous, assez réjouissant. Évidemment, je me souviens de Roger Couderc, avec ses merveilleux commentaires lors des matches de rugby qu'il ponctuait de ses fameux *« Allez les petits ! »* scandés chaleureusement de sa voix éraillée de vieux méridional… Sans oublier ses prestations au micro lors… des combats de catch ! Je ne suis pas un amoureux transi du passé, mais j'ai vécu devant la TV de ma chambre d'adolescent des grands moments, ceux qui forment les souvenirs les plus forts, à défaut d'être les plus précis. Car la mémoire s'estompe petit à petit, ne laissant que quelques images diffuses ici et là, qu'un reportage va réveiller à coups de « Souvenez vous, c'était il y a 40 ans » ou de « En 1981, pour la première fois, etc. ». Et aussi car de nouveaux évènements, de nouveaux exploits nous font vibrer tous les jours avec des jeunes sportifs qui arrivent, nous surprennent et nous font autant vibrer que leurs prédécesseurs. Avec de nouvelles voix pour nous accompagner.

Aujourd'hui, Grégoire Margotton est l'un des fers de lance de cette génération de journalistes que j'ai vus grandir à Canal+. Aujourd'hui sur TF1 pour les matches de l'équipe de France, il a la capacité de rassembler tous les Français avec une voix, un enthousiasme et une véritable expertise jamais snobinarde. Un journaliste et un commentateur hors pair, en plus d'être un chic type (c'est obligé quand on a été adoubé comme lui par Gottlieb, le dessinateur délirant de *Fluide Glacial,* son beau-père aujourd'hui disparu). Un Omar Da Fonseca apporte son grain de folie et sa touche sud-américaine aux commentaires et à ses émissions : entendre ces voix, cette passion, ça fait du bien !

Je me rends compte que ces personnes sont intimement liées aux grands évènements sportifs qui nous ont tous, ou presque, fait lever de nos chaises. C'est ce qui est génial avec ces grands moments télévisés suivis par des millions de personnes : chacun est devant son écran, seul ou avec ses amis, mais partage tout de même le temps d'un match ou d'une course quelque chose qui va – pendant 90 minutes ou moins de 10 secondes pour un 100 mètres – les rassembler, comme si tout le monde était uni par un fil invisible. Voilà ce que j'adore avec le sport : cette aptitude assez unique à transcender les clivages, à réunir – et même parfois fédérer – des gens très différents autour d'un sportif, d'une équipe. Et les commentateurs sont au cœur de tout cela, ils sont nos yeux et nos oreilles sur place, et nos porte-voix. Regarder une finale de Coupe Davis ? Oui, bien sûr. Mais avec Mary Patrux, pas Nelson Monfort.

Parmi tous les sports, vous l'avez compris, le football a pour moi une place à part. Cela tient à l'aspect très théâtral de ce jeu, avec ses acteurs, leurs gueules, leurs coiffures, leurs excès, leur humanité et une dramaturgie toujours différente à chaque match. Au contraire d'une même pièce rejouée des dizaines de fois, un match de football va proposer pour chaque rencontre un scénario différent, avec ses rebondissements et ses héros, et une fin dont on ne sait jamais rien à l'avance, même dans une rencontre entre une équipe supposée beaucoup plus forte que l'autre. C'est cela que j'adore dans ce sport, ces montagnes russes émotionnelles qui font vibrer les cordes vocales des commentateurs sportifs, comme lors du France-Argentine de la dernière Coupe du monde : qui aurait pu imaginer avant le coup de sifflet final un tel déroulement, avec un début de match canon des Bleus, un retour dans la partie des Argentins grâce à leur joueur le plus médiocre, et une deuxième mi-temps de feu des Bleus marquée par un but venu d'ailleurs, inscrit par un joueur qui ne marquera probablement plus jamais le moindre but en équipe de France ? Le foot peut être magique… quand on a les moyens de le regarder : je dépense énormément d'argent (presque 100 euros par mois !) pour regarder le sport à la télévision. Avec la multiplication des chaînes et les surenchères sur les droits des championnats de foot, mais aussi de rugby ou de hand, suivre le sport à la TV est aujourd'hui un poste à part entière dans un budget (vous l'avez ?). C'est dommage, car le sport en général et le football en particulier devraient être visibles par le plus grand nombre : au contraire, cela devient presque un luxe pour certains passionnés.

J'ai une pratique solitaire de la télévision. Par habitude, car je vivais au quotidien à la première personne du singulier, et puis aussi parce que j'aime ça, tout simplement. Disons plutôt que j'ai du mal à partager avec quelqu'un les images, à commenter avec lui les actions… Un comble, non, pour quelqu'un qui n'hésite pas à partager une image ou un bon mot avec des dizaines de milliers de personnes sur les réseaux sociaux, dont la très grande majorité m'est inconnue ? Plus prosaïquement, je ne suis pas sûr d'être un compagnon de télé très sociable. Je râle, je fulmine, je secoue la tête, bref j'aime bien vivre à ma manière les évènements sportifs. Bien sûr, tout cela est exacerbé quand l'OM joue. Ajoutez alors une bonne dose de chauvinisme, un soupçon de mauvaise foi, et vous avez la bonne image du téléspectateur que je suis. Par contre, ne comptez pas sur moi pour me barioler de bleu-blanc-rouge, ou de bleu et blanc quand c'est l'OM qui joue, ou de me peinturlurer le visage à l'occasion d'un gros match. Une simple écharpe, qui aura aussi la convenance de me couvrir la gorge, fera l'affaire. Chauvin oui, patriote, non, pas vraiment. Pas dans le sens cocardier du mot. L'expression du sentiment national, pour moi, c'est comme le religieux, c'est personnel, il ne faut pas chercher à endoctriner, à vouloir montrer que « Nous, on est meilleurs » ou que « Nous, on fait mieux que les autres ». J'ai d'ailleurs un peu de mal avec le traitement très « Cocorico » de certains médias lors des manifestations très grand public, où chaque performance des Français est suivie, au détriment parfois du nom des médaillés d'autres nationalités.

Je dis cela, mais les moments de sport qui m'ont envoyé le plus d'ondes positives sont des évènements où des Français se sont mis en valeur.

Côté foot, mon premier grand souvenir est l'Euro 84, d'abord parce que la mythique demi-finale se passait à Marseille, mais aussi parce que c'est le premier grand succès d'une équipe de France de football, voire d'une équipe de France, dans un sport collectif. Je suis né dans les années 1970, à une époque où les Bleus ne se qualifiaient pas à la Coupe du monde, où nos footballeurs se faisaient régulièrement étriller par la moindre équipe norvégienne ou bulgare, et où un parcours honorable (jusqu'en finale, évidemment perdue) était qualifié, rien que ça, *« d'épopée »*

(Ulysse, tu peux rentrer chez toi). Bref, nous étions des perdants magnifiques, comme en 1982 quand l'équipe de France de foot échoua en demi-finale de la Coupe du monde à Séville contre la RFA de ce gai luron de Harald Schumacher. Nous ne connaissions que le goût amer de la défaite et, le pire, c'est que nous perdions avec un certain style, voire du panache. En 1984, autre beau souvenir, quand la France peut enfin inaugurer sa salle de trophées avec un premier Championnat d'Europe des nations : Michel Platini, Alain Giresse, Luis Fernandez, Jean Tigana, Joël Bats et les autres me permirent alors de passer un été un peu plus doux que les autres. Ah, ce petit goût sucré de la victoire, on en redemande !

Bien sûr, tel beaucoup de Français, j'ai aussi adoré l'été 1998. Quelques jours avant le début de la compétition, tout le monde voyait nos Bleus comme de simples outsiders, puis, magie du sport et de l'engouement populaire croissant, tout le monde s'est mis à y croire dès le premier match achevé et remporté contre une faible équipe sud-africaine (le vent, le Vélodrome, Dugarry, la langue tirée vers les journalistes qui le descendaient depuis des semaines, tout ça tout ça...). C'est ce que j'adore dans le sport, cette faculté à transcender une équipe pas nécessairement meilleure que les autres, et à rassembler des gens très différents autour d'une aventure sportive commune. Le cocktail a très bien marché en 1998, et je me souviens encore de la forme d'incrédulité à pouvoir dire *« On est champions du monde ! »* avec la chanson de Gloria Gaynor *I will survive* en fond sonore permanent à la maison.

Comme pour beaucoup de gens de ma génération, ces victoires de 1984 et 1998 sont un peu à part dans mon Panthéon personnel des émotions footballistiques. Ce sont des finales, mais d'autres matches de l'équipe de France ont aussi été fantastiques. Je pense, par exemple, au France-Brésil de 2006, où nous avons pu probablement voir le plus beau match de Zinédine Zidane, en quart de finale de la Coupe du monde. Bien sûr, il y eut la victoire au bout de cette rencontre – et pour cela le souvenir n'en est que plus beau –, mais je me souviens encore de l'esthétique de ce match, la qualité des joueurs, l'intensité des efforts, le suspense aussi. Autant de bonnes raisons d'aimer le football.

Plus récemment, le match France-Argentine de la Coupe du monde 2018 a fait très fort, vraiment très fort : un concentré d'adrénaline, de toboggans émotionnels, et la tension inhérente aux matches à élimination directe (les meilleurs, de loin, comme les matches retour de Coupe d'Europe pour les clubs). Quand, comme moi, on a regardé un nombre non négligeable de matches, on sait apprécier ces moments spéciaux. Le jour de la rencontre approchant, on sent la pression monter progressivement, comme un gosse attendant avec impatience le dernier jour de classe et le début des vacances d'été. Le jour J, il y a un peu d'électricité dans l'air, les heures semblent s'écouler lentement jusqu'au début de la retransmission, on râle contre les coupures de pub, puis apparaissent les joueurs, la belle couleur de leurs maillots, un stade plein, le soleil, une belle pelouse ; je suis heureux. Et puis le match commence. Le coup-franc sur la barre de Griezmann, la chevauchée fantastique de Mbappé amenant le pénalty, l'égalisation sur un tir somptueux de Angel Di Maria, je me dis que quelque chose d'exceptionnel se trame sous nos yeux. Et la deuxième mi-temps confirme cette impression. Je crois avoir perdu quelques mois d'espérance de vie cet après-midi-là ! Le but improbable de l'Argentine, puis la demi-volée de folie de Pavard, les deux buts coup sur coup de Kylian (oui, appelons-nous par nos prénoms, Kiki), et cette insupportable tension des dernières minutes, quand l'Argentine revient au score et a même une balle d'égalisation… J'en ai encore des frissons ! (Et là, je vous laisse, je vais retrouver le match sur Internet pour le voir de nouveau).

Et puis, bien sûr, pour clore ce chapitre « Émotions Football », la victoire de l'Olympique de Marseille en 1993 tient une place à part. Voir son club de cœur, celui qu'on supporte depuis tout minot, celui qui vous en a fait voir de toutes les couleurs, des années de deuxième division au début des années 1980 au faste des années Tapie au début des années 1990. Un grand écart très marseillais, tout en finesse et en subtilité, d'un 0-0 contre Gueugnon en novembre 1981 devant 8 000 spectateurs à la folie de OM-PSG en mai 1993 devant plus de 40 000 supporters… Avec, en apothéose, la finale de Munich où le coup de tête rageur de Boli me fit regretter un instant mon incapacité à me lever de mon siège, jusqu'à l'attente insupportable du coup de sifflet final (le match a bien duré 300 minutes, c'est ça ?) et la joie de la victoire, partagée avec mes voisins et amis, et tous les Marseillais très fiers, ce soir-là, d'être marseillais.

Le football, ce n'est pas tout le sport, et le sport, ce ne sont pas que des moments de joie et de bonheur collectif. Ce sont aussi, de l'autre côté du spectre des émotions, des larmes et de la tristesse. La mort du brésilien Ayrton Senna, ce dimanche de mai à Imola m'avait beaucoup marqué. Voir partir sous nos yeux cet immense champion, jeune, charismatique, brillant, a été un véritable crève-cœur. Quelques heures plus tôt, il s'était réconcilié avec son plus bel adversaire, le Français Alain Prost, après des années de batailles acharnées sur les circuits. Je me souviens encore des images de l'accident, des commentaires de plus en plus sombres des journalistes de TF1 présents sur place, les prises de vue aérienne d'un hélicoptère survolant la zone du terrible crash, du corps du pilote évacué en urgence, en vain. Et quand des grands sportifs, comme le boxeur Alexis Vastine, la navigatrice Florence Arthaud et la nageuse Camille Muffat disparaissent dans un accident d'hélicoptère, même si on n'est pas un fan absolu des sports ou des disciplines dans lesquelles ils évoluaient, l'amoureux du sport que je suis est bien évidemment affecté par leur disparition.

Certains sports me touchent moins que d'autres. L'athlétisme, par exemple, n'a jamais réussi à me faire vibrer intensément. Je trouve finalement les émotions de ce sport assez répétitives : un lancer de poids reste un lancer de poids. Un 100 mètres reste un 100 mètres. Oui, les records tombent, de grands athlètes réalisent de beaux exploits, une course de 100 mètres peut être très belle, avec un superbe vainqueur, mais le scénario est toujours un peu le même. Je dis ça, mais bien sûr il y a de formidables exceptions : j'avais ainsi suivi la course (les championnats d'athlétisme tombent très bien pour occuper un long été sans football !) de cet incroyable relais tricolore du 4 x 400 m féminin aux Championnats d'Europe d'athlétisme en 2014 : la jeune Française Floria Gueï avait été énorme, réalisant lors de son tour de course mémorable un come-back fantastique, remontant une quinzaine de mètres à ses concurrentes et passant de la quatrième à la première place, alors même que les commentateurs et consultants tricolores n'y croyaient plus. « *Je n'avais jamais vu ça* », lâchait alors trois fois le journaliste Patrick Montiel. Eh bien, moi non plus !

Non, le fan de football que je suis n'est pas sectaire ! Vous avez vu ma passion précoce pour le rugby, mais plus récemment des sports que je regardais assez peu auparavant m'ont aussi séduit. Des sports collectifs comme le handball par exemple, ou le basket. Comme le football, les matches sont souvent très disputés, il y a du suspense, des retournements de situation, des fautes non sifflées, de l'injustice parfois : c'est ce qui rend tous ces sports collectifs très attractifs. Dans un autre genre, les exploits de Martin Fourcade m'ont fait de nouveau apprécier le biathlon, un sport d'hiver combinant ski de fond et tir à la carabine que j'avais découvert, comme beaucoup de jeunes de ma génération, lors des Jeux olympiques d'Albertville en 1992 avec les bonnes performances de l'équipe de France féminine. Grâce à ce sportif français, très à l'aise sur les réseaux sociaux, franc du collier et éminemment sympathique, je me suis mis à suivre avec intérêt des courses, où les séances de tir ajoutent une note d'incertitude à la partie ski un peu plus « plan-plan » (pour nous téléspectateurs bien au chaud à la maison, hein, pas pour les athlètes avec leurs poumons en feu par −10 °C au fin fond de la Finlande, la bave glacée aux lèvres et sous le nez) : quelle tension sur le dernier tir, celui qui peut provoquer un tour de pénalité s'il est manqué, ou une victoire quasi assurée si la cible est touchée. Un gros kif, et ce n'est pas un fan des sports d'hiver qui vous parle !

C'est un peu la même chose au judo : en quelques instants, le temps d'un mouvement bien exécuté, le combat peut tourner à l'avantage de l'un ou l'autre des judokas présents sur le tatami. Trois minutes de lutte intense, ponctuées par les gestes des arbitres, des règles que je ne comprends pas toujours très bien, mais peu importe, tous les moments comptent au judo, on a les yeux rivés sur les combattants, leurs pieds, la position de leurs mains, tout en regardant du coin de l'œil le temps qui tourne, dans l'attente d'un mouvement décisif qui, en quelques secondes, fait basculer un combat, une finale. Ce sont les rebondissements que j'adore dans ce sport.

Ma pratique personnelle du sport s'arrête à de belles années de pongiste. Le tennis de table est un sport très sympa à pratiquer et à regarder, même si les diffusions à la TV sont rares, et j'ai pris beaucoup de plaisir à évoluer dans ce monde sain, avec une très bonne mentalité.

Mais le sport que je pratique quotidiennement, c'est vivre. Oui, vivre est déjà un sport pour moi, un sport de haut niveau même ! Je dois avoir le même mental qu'un sportif, le même esprit de compétition pour, tous les jours, me mesurer à la maladie. La maladie est un combattant redoutable, ses attaques sont cruelles mais mes parades sont plutôt au point maintenant, je réponds présent quand il le faut. L'analogie combat/maladie peut paraître éculée, mais elle est très juste. Moi, j'ai un combat de boxe à livrer par jour. Jusqu'à présent, je compte à peu près 17 000 victoires (aucune par K.-O.), quelques dizaines de matches nuls les mauvais jours, et zéro défaite. Elle est interdite. Prochain combat, demain.

#20

#Handicap #MalgréMaMyopathie

On – les râleurs, les surpris, et même les handicapés – pourrait peut-être me reprocher de ne pas avoir cité d'évènements sportifs des Jeux paralympiques ou l'un des exploits réalisés – à la nage, sur terre ou dans les airs, en bateau ou sur des pistes d'athlétisme – par des handicapés. Pourquoi, je devrais ? Parce que je suis moi-même handicapé ? Les handicapés devraient donc systématiquement se coopter, s'auto-apprécier, se congratuler ? Bien sûr, les exploits sportifs ou les performances de personnes en situation de handicap ne me laissent pas indifférent. Mais mon moteur à moi, c'est l'émotion ; la performance oui, mais surtout la manière dont une victoire, un exploit se dessinent, l'intensité avec laquelle je vais le vivre. J'avais beaucoup aimé me rendre à Londres pour les Jeux paralympiques, apprécier en direct les efforts insensés de quelques passionnés, à la piscine, sur des terrains de tennis ou sur les pistes d'athlétisme : je suis admiratif de leur énergie, de leur volonté, mais comme tous, valides ou non, pourraient l'être (ce n'est pas une obligation, chacun vit cela comme il l'entend). Que je suive une rencontre de cécifoot ou une finale NBA, finalement, cela n'a pas d'importance. Que les acteurs d'une rencontre soient malvoyants, amputés ou des géants américains 100 % valides, je vais apprécier leurs performances de la même façon et vibrer, ou non, de la même manière. Bon, je reconnais qu'il est plus facile de voir une finale de basket américain qu'un match de foot entre malvoyants à la télévision, mais le principe c'est ça : je ne suis pas tenu, en tant que handicapé, à m'astreindre à apprécier, commenter ou critiquer le sport pour handicapés, les Jeux paralympiques, etc., et à m'obliger à ressentir plus d'émotions parce que c'est un handicapé qui est au cœur de l'action.

J'estime que c'est ainsi que les handicapés s'intégreront le mieux dans la société civile. Et ce qui est valable pour le sport l'est aussi pour le cinéma, la littérature, les séries. Dois-je orienter mes goûts vers tel film, tel livre ou telle fiction sous prétexte qu'ils sont conçus par un handicapé, ou qu'ils mettent en valeur d'une façon ou d'une autre un handicapé ? Nous n'avons pas à rentrer dans une case, à nous soumettre – le mot peut sembler fort, mais il est bien approprié – à une sorte de diktat moral, consensuel et finalement très hypocrite et réducteur, qui nous contraindrait à rester entre nous seulement. Je refuse de me laisser entraîner dans une sorte d'entre-soi communautariste, où seuls des handicapés parleraient des handicapés et des handicapés riraient des handicapés.

Les handicapés doivent bien comprendre que ce sont eux qui doivent se battre pour améliorer leur statut, il faut se bouger (dans la mesure du possible, les amis, pas de souci) !

Il n'est pas toujours simple de lutter contre les préjugés. Parfois, même les personnes les mieux intentionnées ne se rendent pas compte de leur façon de nous présenter, de vouloir nous réduire à un statut de « gens différents » qu'on tolère quand même. À l'occasion du Téléthon 2016, j'avais ainsi été mis à contribution par la radio RMC pour envoyer un message disant aux personnes handicapées qu'elles devaient croire en elles. J'expliquais dans ce texte que j'étais devenu un « influenceur » parce que j'avais toujours, profondément, cru en ma bonne étoile. Malgré les galères, la maladie, le fauteuil, l'isolement, les préjugés, l'indifférence, la violence même parfois. Toujours croire en ses rêves. Se fixer des objectifs ambitieux. Avancer, toujours, ne rien lâcher. « *T'as pas de jambes ? OK, mais t'as un cerveau alors n'oublie pas de t'en servir* », avais-je interpellé mes congénères dans cette tribune. S'apitoyer sur son sort ? Se plaindre en permanence ? Devenir aigri ? Les portes se ferment devant toi ? « *Rentre par la fenêtre, ne baisse jamais les bras* », leur répondais-je alors avec force. Comme je le ferais, comme je le fais aujourd'hui. Mais le truc assez parlant de cette histoire, c'est la façon dont l'article me présentait : j'étais en effet devenu « influenceur » *malgré* ma myopathie. Comme si cette maladie devait m'empêcher de vivre. Je n'en veux vraiment pas à la personne qui a écrit cela, d'ailleurs je ne l'ai pas moi-même remarqué au premier abord, c'est juste en relisant cet article récemment qu'un copain me l'a signalé. Un « *malgré* » probablement plus maladroit qu'autre chose (et c'est toujours mieux que « *grâce à* » – l'horreur ! – ou « *à cause de* »). Il faut réussir à détacher notre condition de nos actions, de notre réussite. Tout en faisant reconnaître des droits spécifiques, améliorer l'accessibilité, faire avancer la recherche médicale. « En même temps », comme dirait l'autre.

#21

#Séparations #Rencontres

Le jeune adulte que je suis devenu est perclus de douleurs, myopathe, et vit toujours avec sa mère et sa sœur. Grosse ambiance ! Mais voilà venu le temps des séparations, des nouveaux départs et des rencontres décisives.

Je romps définitivement les amarres avec ma mère l'année de mes trente ans, un acte important, fondateur, émancipateur. Depuis, je ne l'ai plus revue, elle ne me manque pas (euphémisme), et j'ai définitivement tourné la page.

Pendant quelques années, je partage une maison avec ma grande sœur et son conjoint, dans un appartement d'Aubagne. Nous vivons plutôt correctement cette cohabitation, sans heurts et de manière paisible. Jeux vidéo, OM, télé, composent mes principales occupations. Ma sœur et mon beau-frère travaillent, je vis donc seul la plupart du temps. Avec ma sœur, j'entretiens, me semble-t-il, des relations normales de frère à sœur ; je savais qu'elle aussi n'avait pas reçu un amour maternel débordant, et elle aussi, elle avait fait sans et s'était construite avec cette lacune. À mes yeux, cela créait un lien fort, comme un fil invisible nous reliant et permettant à chacun de trouver un équilibre.

Un matin comme les autres, je découvre sur la table de la cuisine un mot écrit par ma sœur. Il m'est adressé, ainsi qu'à mon beau-frère, qui se réveille et lit avec moi un message d'adieu.

Elle a décidé de refaire sa vie avec un autre compagnon, elle quitte l'appartement et ses deux derniers habitants. Un message lapidaire qui me glace et me ferait tomber de mon siège si je le pouvais. Ma sœur, un des derniers appuis familiaux qui me restait, décide de partir du jour au lendemain. Je ne suis pas bien. Mon beau-frère non plus. Comme deux cocus. De manière brutale, sans véritable explication autre que cette volonté de vivre une autre vie, sans moi. En théorie, dans une famille, les fratries sont les personnes qui doivent vivre le plus de temps ensemble. Nos parents meurent avant nous, nos enfants nous survivent, mais nous sommes censés accomplir avec nos frères et sœurs un bon bout de chemin. Évidemment, nous n'aurions peut-être pas toujours vécu ensemble (mais pourquoi pas ?), mais se séparer dans ces conditions est un vrai coup dur. Je le partage avec mes voisins et amis, et je lis dans leur regard leur incompréhension et leur désarroi. Pendant trois pénibles mois, mon désormais ex-beau-frère et moi, les deux dindons de la farce, partageons la maison avant de décider d'arrêter les frais. Je lui explique qu'il doit vivre sa vie et moi, la mienne, qu'il n'a pas à devoir se sentir obligé vis-à-vis de moi. Après tout, ni ma mère, ni ma sœur ne se sont senties obligées de le faire. Bref, nous rompons !

Depuis, je n'ai revu qu'une fois ma sœur : elle était accompagnée du compagnon avec qui elle avait choisi de vivre, il y a dix-huit ans de cela. J'ai eu beaucoup de mal à « faire semblant », c'est-à-dire comme si elle n'avait rien fait de mal. De son côté, elle paraissait avoir tout oublié de cette époque, comme si elle avait décidé d'effacer le contenu de son disque dur.

Plus récemment, j'ai reçu un message de sa part. Elle a dû retrouver mes coordonnées je ne sais comment, car comme avec ma mère, je ne l'avais plus revue depuis notre dernière et fortuite rencontre. En quelques mots, elle a tâché de justifier son départ. *« C'est du passé »*, lui ai-je répondu brièvement après avoir pris quelques nouvelles. Avant d'ajouter : *« Mais tu aurais pu faire les choses différemment. »* Je ne sais pas si elle a compris la portée de son geste d'alors, et je pense que son message était surtout destiné à soulager sa conscience, à vider son sac. En deux brèves phrases, elle justifie son départ, en pleine nuit, en laissant une lettre et deux mecs un peu désœuvrés ensemble.

Pour moi, cela va avoir des conséquences inattendues. Depuis mon installation dans cette maison, j'avais fait la connaissance d'un couple de voisins avec qui je partageais la passion du sport et de l'Olympique de Marseille. Nous avions sympathisé, avant qu'ils ne deviennent quelques années plus tard les personnes que je chéris le plus au monde, avec leurs enfants à naître. Parmi toutes, c'est la rencontre la plus importante de ma vie, la plus essentielle. Quand je pense à eux, je ne vois que de la bonté et de la gentillesse. Lui, toujours disponible et prêt à rendre service, elle, toujours souriante et à l'écoute. Cela fait chaud au cœur de les savoir là, pas très loin, dans notre petit immeuble. Ils s'inquiètent pour moi, me demandent comment j'envisage l'avenir, et avec qui ? Je dois me réorganiser, refaire ma vie, la réflexion est intense. Au fur et à mesure des discussions, tombe une proposition, celle de venir vivre avec eux, de partager une collocation. Alors que quelques heures auparavant, un poil énervé et le moral en berne, j'étais au trente-sixième dessous, me voilà ragaillardi comme jamais, touché au cœur par cette marque de générosité, de confiance et d'amour. J'accepte immédiatement.

#22

#UnPeuDePolitique

« *La politique c'est du sérieux* », avait dit Bernard Tapie, l'air offusqué (quel acteur, ce Nanar !) en préambule d'un débat qui s'annonçait musclé avec Jean-Marie Le Pen, juste après que le journaliste Paul Amar eut offert aux deux hommes des gants de boxe.

Moi qu'on annonce comme un influenceur sur les réseaux sociaux, j'aimerais aussi être un influenceur en politique. Cela peut paraître un peu pompeux, ce titre d'influenceur, surtout pour un mec en chaise roulante la plupart du temps, et un peu prétentieux de se dire qu'on veut faire bouger les lignes, mais après tout, pourquoi pas ? Une loi m'interdit de le faire ? Alors, je fonce !

Je suis issu d'une génération qui ne s'en laisse pas compter avec les ficelles des hommes politiques, leur langue de bois et les vilaines habitudes que, nous autres citoyens, les avons laissé prendre depuis quelques dizaines d'années. Je ne remercierai jamais assez l'école pour m'avoir inoculé le virus de l'esprit critique, de l'écoute des arguments, de tous les arguments, même ceux au sujet desquels je ne suis pas d'accord. Si je ne suis pas un grand lecteur de la presse écrite, je fais mon possible pour rester informé, grâce à des comptes de journaux ou d'hebdomadaires que je suis sur les réseaux sociaux, et dont je peux lire ensuite les contenus. Le format numérique, c'est le plus pratique pour moi en termes de confort, et j'avoue que je n'essaierai pas de me lancer dans la lecture de quotidiens en version papier comme *Le Monde* ou *Le Figaro*, avec leurs larges pages. Peut-être les jeunes sont-ils un peu moins armés que nous pour déjouer les pièges de la désinformation, des rumeurs et des *fake news* qui inondent les réseaux sociaux ? En tout cas, j'essaie de m'en protéger au maximum, je ne veux pas devenir l'amplificateur, même le temps d'un tweet, d'une ânerie ou d'une fausse info. Je ne veux pas être assimilé, même de très loin, à ceux, politiques inclus, qui commencent à se la jouer « à la limite du hors-jeu » avec les infos et les faits, comme le pratique si « bien » Trump aux USA.

Je n'aime pas trop, dans la vraie vie comme en politique, le cynisme. En campagne électorale, les hommes politiques ont la solution à tous les problèmes – même les miens, c'est pour dire ! –, mais curieusement, une fois au pouvoir, il devient beaucoup plus difficile de les appliquer, ou mieux encore de retrouver dans son programme les idées annoncées comme géniales quelques semaines plus tôt, qui vont sauver la patrie, voire le monde. Comme disait Jacques Chirac, *« les promesses n'engagent que ceux qui les croient »* : un must en termes de cynisme, mais avant tout un triste constat que je fais après chaque élection.

Concernant les handicapés – mon domaine de compétences, hein ! –, je suis très attaché à l'accessibilité à l'emploi de mes congénères. Aujourd'hui, on ne propose que des dispositifs financiers pour motiver les entreprises, et je n'ai pas l'impression que cela les motive plus que cela pour embaucher des handicapés, même les plus brillants. La faute à des idées reçues qui ont la vie (très) longue. En effet, il y a encore dans l'imaginaire collectif une équation « Handicapé = Neuneu » des plus déplaisantes et des plus injustes. Il est évident que nous sommes victimes, de manière incessante, d'une ségrégation sociale par le travail. Ajoutez-y la manière dont sont présentés les bénéficiaires de ces dispositifs, c'est-à-dire des assistés à qui l'on propose généreusement un emploi, bien souvent au rabais ou en deçà des qualifications ou des capacités du handicapé. Et quand on constate comment le mot « assisté » est connoté par certains mêmes de nos politiques, pour lesquels ce n'est pas autre chose qu'un « cancer », alors oui, là, je suis en colère.

Et je me dis que les handicapés doivent jouer la carte de la solidarité et se serrer les coudes (pour ceux qui en ont). Il y a en France 730 000 personnes environ qui cumulent les trois formes de handicap, à savoir le ressenti du handicap, la limitation fonctionnelle et la reconnaissance par l'administration dudit handicap. Ajoutez les personnes handicapées par un accident de travail, un arrêt maladie longue durée, ou des personnes touchées par des difficultés dans leur vie quotidienne, et ce sont 10 millions de Français qui sont affectés. Et ajoutez enfin les déficients visuels (2 millions d'individus), nous arrivons à près de 12 millions de français. Handicaps moteur, sensoriel, mental, invalidant, psychique, plus les maladies invalidantes : 1 Français sur 6 est touché par le handicap.

Pourtant, combien de fauteuils dans les hémicycles de nos assemblées ? Un seul handicapé visible sur 577 à l'Assemblée nationale, aucun au Sénat (mais avec la moyenne d'âge au Sénat, peut-être certains sénateurs sont-ils affectés par un handicap non visible). Comment parler d'intégration des handicapés, d'accessibilité, de logement, dans ces conditions ? Alors, oui, on pourra me rétorquer qu'il ne faut pas nécessairement avoir été patron d'une usine ou ouvrier pour être ministre de l'Industrie, ou chômeur pour être ministre des Affaires sociales. Mais tout de même… Parfois, je suis absolument désabusé. Pourtant, nous sommes nombreux – oui, un sacré lobby en puissance que celui des handicapés – avec ces millions de personnes touchées. Les chasseurs ne sont « que » un peu plus d'un million, mais j'ai le sentiment qu'ils sont plus écoutés. Je me trompe ? Les handicapés ne sont peut-être pas assez unis, ils ont peut-être du mal à s'organiser, nous manquons de visibilité, de personnalités fortes capables de nous défendre. Surtout, j'ai le sentiment que nous sommes victimes de notre bonne volonté. Nous voulons être des membres à part entière de la communauté nationale, nous souhaitons ardemment nous intégrer, faire comme les autres, agir le plus normalement du monde, faisant parfois fi de nos difficultés, les atténuant, les niant même de temps en temps. Moi-même, j'ai du mal à me reconnaître dans une association de handicapés. J'ai du mal à franchir ce pas (humour), car j'aimerais tellement être avant tout considéré comme un citoyen avant d'être vu comme un handicapé, et j'ai encore beaucoup de mal à me résoudre à ne me présenter « que » comme un handicapé. Par exemple, j'ai déjà participé à des évènements « handi », mais j'estime que ce n'est pas nécessairement un handicapé qui peut le mieux parler pour les handicapés (surtout moi), ou les représenter : cela fait trop communautaire à mes yeux. Et je n'oublie pas que de nombreux valides nous soutiennent, et pas seulement une fois par an à l'occasion du Téléthon.

Parfois, ce sont les handicapés eux-mêmes qui m'agacent. Certains sont à défendre une ligne misérabiliste, et seules les voix de la complainte s'élèvent de leurs rangs. Je me refuse d'adopter ces attitudes, qui finalement desservent la cause des handicapés. Oui, nous sommes handicapés, en galère parfois, en grosse galère même, mais bon sang battons-nous pour être considérés comme des personnes et des citoyens à part entière ! Je veux l'égalité – ce mot n'est-il pas inscrit sur le fronton de nos mairies ? –, mais pas nécessairement les avantages, surtout quand ils ressemblent plus à une aumône qu'à une véritable aide. Cela peut paraître idiot, mais je me refuse à passer devant les personnes valides aux caisses réservées prioritairement aux handicapés et aux femmes enceintes dans les supermarchés. Franchement, je suis assis, tout confort, j'ai le temps, et au nom de quoi devrais-je passer avant d'autres ? Vous l'avez compris, ce que je recherche avant tout, c'est du respect et un minimum de considération, rien de plus. Comme pour tout le monde, handicapé ou non.

La politique du handicap, j'y ai cru en tant que handicapé, comme tous les Français ont cru à un moment de leur vie à un homme politique, à une cause, un mouvement, un parti. À présent, je suis la politique avec plus de recul, car j'ai eu l'impression à plusieurs reprises de m'être fait duper, après avoir voté, en bon idéaliste, pour des projets auxquels je croyais pourtant beaucoup. Aujourd'hui, en tant que « centre gauchiste », j'ai du mal à me reconnaître dans un projet politique clair et lisible, et peu d'hommes politiques trouvent grâce à mes yeux. Wauquiez m'énerve, Le Pen m'insupporte, Hollande m'a déçu, Hamon est l'espoir déçu, Fillon n'aurait rien apporté, et Bayrou… mais que devient François Bayrou, au fait ?! Jean-Luc Mélenchon m'intéresse assez peu. Assez habile politique pour se trouver une place sûre à Marseille, cet homme me semble toujours en colère. Si je peux concevoir que cela peut être un moteur pour lui, ce n'est pas avec un tel sentiment que l'on peut, à mon sens, avancer vraiment et porter un projet rassembleur. Et ses colères et ses comportements vis-à-vis des journalistes sont à mes yeux malsaines et anti-démocratiques, assez révélatrices du climat de tension qui règne de nos jours dans notre pays.

Quant à Emmanuel Macron, il n'est pas inintéressant, mais je ne me retrouve pas dans nombre de ses mesures que je trouve trop à droite en ce début de mandat.

J'aimerais pourtant rencontrer le président de la République. Cela peut paraître présomptueux de se dire que la situation des handicapés s'en retrouverait ensuite améliorée, mais j'aimerais avant tout vivre un tel moment pour pouvoir dire tout ce que j'ai sur le cœur, quitte à prendre le risque de la récupération politique, ou celui de la « com' » à moindres frais – une seconde nature, ô combien navrante, chez nos politiques semble-t-il. Mais l'homme paraît être à l'écoute, alors, pourquoi pas ?

De là à avoir moi-même un rôle plus politique, plus concret, il y a encore un peu de marge. Pour tout dire, je ne sais pas si cette forme d'engagement est faite pour moi, et je crains d'être trop empathique, et pas à l'aise du tout avec les rapports de force permanents induits par la politique. Peut – être me sentirais-je plus proche d'un mouvement citoyen que d'un mouvement politique, dont le modèle trop vertical ne semble plus trop dans l'air du temps.

J'estime que je peux apporter ailleurs : j'ai plus envie de donner de la force, d'être un exemple pour quelques-uns. Parfois, je reçois des messages très sympathiques de personnes handicapées, ils me touchent toujours énormément. Un jour, un jeune handicapé m'a ainsi dit que je lui donnais de la force et de l'inspiration, un autre que je lui apportais une « *énergie incroyable* », tout en me disant que je ne me « *rendais pas compte de mon impact* » (et franchement, non, je ne m'en rends pas compte). Des valides aussi m'envoient des messages, car ma boîte mail n'est pas réservée qu'à mes congénères à roulettes, et ces messages font autant plaisir que les autres !

Sur Twitter, à côté de mes messages à caractère humoristique, je ne me suis jamais interdit de parler de sujets plus sérieux, comme des sujets de société. On ne milite pas quand on est sur les réseaux : on donne son avis, on s'exprime. Même si je sais que je suis plutôt bien suivi, je ne livre que mon opinion, je ne cherche pas à convaincre, à faire du prosélytisme.

Du fait de cette popularité sur les réseaux sociaux, je suis très sollicité pour défendre telle ou telle cause, travailler avec tel ou tel organisme. Je trouve ces démarchages absolument normaux. Ma petite popularité doit servir, même modestement, car les associations ont besoin d'argent, tout simplement. Des causes me tiennent naturellement plus à cœur que d'autres : celles touchant les enfants me sont très chères, comme cette association paloise pour laquelle j'ai mis en vente des mugs à mon effigie, ou celles travaillant à l'éducation des chiens pour handicapés. La formation d'un tel chien coûte 15 000 euros. Deux fois le prix de mon fauteuil. Quel handicapé peut se payer aujourd'hui ce luxe, alors que cette aide pourrait améliorer grandement son quotidien ? Ah, les chiens ! Quel amour inconditionnel nous portent ces merveilleux compagnons. Quel bonheur, quelle chance de pouvoir en côtoyer tous les jours et de recevoir au centuple l'amour qu'on leur donne. Personnellement, je n'ai eu que des chiens « normaux », c'est à dire pas éduqués spécialement pour les handicapés : en effet, ne vivant pas seul, je ne me sens pas légitime d'en priver quelqu'un qui en aurait davantage besoin que moi. Car, en plus du prix, il n'y a pas assez de chiots disponibles pour satisfaire toutes les demandes.

J'adore mes chiens et mon chat. Toujours là, ou presque, attentifs, endormis, câlins, chafouins, joueurs. Les animaux sont une bénédiction, une présence dont j'aurais du mal à me passer. Je me souviens aussi de Dana, une belle boxer, partie trop tôt, à 8 ans. Mais huit années heureuses, aux côtés de notre famille. Quel crève-cœur, quel chagrin ressent-on au moment de leur disparition ! Nos larmes ne sont qu'un bien modeste prix à payer pour tout ce bonheur procuré par ces petites bêtes, à la hauteur, voire plus, de l'affection qu'elles ont pu offrir de leur vivant.

Du coup, quand je vois les souffrances que sont capables d'infliger des êtres humains à des animaux, c'est insupportable. Je n'ai jamais vu de chiens mauvais, contrairement aux hommes. Aurions-nous dans notre ADN un gène qui favorise le conflit, la détestation, la haine ? Personnellement, je m'honore de ne pas connaître de tels sentiments. Je ne déteste personne. Jamais la haine n'est, ou n'a été, un moteur pour moi. Cela ne fait pas avancer. La haine est un leurre, une illusion, comme la violence, qui ne résout rien. Cela peut sembler naïf, voire « simplet », de dire cela, mais je le crois profondément. Les marchands de haine doivent être très malheureux, au fond.

#23

#UneFamilleEnOr

En me quittant du jour au lendemain, ma sœur m'a peut-être rendu un immense service. Elle m'a en effet permis de rencontrer les personnes les plus généreuses, les plus désintéressées, les plus honnêtes et les plus bienveillantes que je connaisse. Ces superlatifs vous paraissent un peu « *too much* » ? Trop exagérés, trop mielleux ? C'est à vous de voir. Pour moi, Laurence, Jean-François, Chiara et Livio sont les meilleurs. Mes parents, mes frères, mes neveux, mes nièces, ils sont la famille, quoi ! Avec Jacques, mon père, Mireille et Georges, ce sont les seuls prénoms que je citerai ici. Je ne donnerai pas le prénom de ma sœur, par exemple, car celui qu'elle porte l'est aussi par quelqu'un qui m'est très cher, et ce sont les bonnes ondes de ce prénom, associées précisément à cette personne, que je veux garder au plus près de moi.

Mireille et Georges ont apporté cette touche d'humanité et de gentillesse à mon enfance et mon adolescence, ils ont été un repère affectif essentiel.

Jean-François et Laurence ont décidé de ne pas me laisser seul : ils m'ont proposé de devenir leur compagnon de route à un moment où ils avaient pourtant des enfants en bas âge et déjà de quoi faire, et un membre à part entière de leur famille quand Chiara est arrivée et qu'ils m'ont alors proposé de devenir le parrain de la petite. Un geste fort, accepté immédiatement avec un immense plaisir, qui m'a énormément touché. Ce fut un honneur d'être choisi comme le parrain de cette enfant, aujourd'hui une vraie jeune femme.

Jean-François et Laurence ont été des soutiens indéfectibles. Depuis 2002, depuis le premier jour. Comment imaginer que l'on puisse me proposer, à moi le type invalide, en fauteuil – et qui plus est mal rasé –, de rejoindre leur cocon familial et, par exemple, de penser à agencer au moment de notre installation en Corse une chambre adaptée à mes besoins, et à la faire construire en premier pour que je puisse être correctement installé ?

Dans la vie, de manière générale, on ne dit jamais assez aux personnes que l'on aime ce qu'on a vraiment sur le cœur. Il est tellement plus facile de se manifester quand un truc dérape, quelque chose cloche, ou quand la lunette des WC n'a pas été baissée : on râle, on maugrée, on se fâche parfois.

J'ai pris le parti d'exprimer mon amour pour ceux qui me sont chers. Ai-je un trop-plein d'amour non distribué dans ma jeunesse ? Peut-être ! Mais cette denrée ne me semble pas quantifiable, disponible et distribuable à la demande. Je n'ai pas eu beaucoup la possibilité d'aimer plus jeune. Papa est parti si vite, je n'ai pas pu voir autant que je le souhaitais Georges et Mireille, mais le cœur était là, il ne m'a pas lâché, le bougre, comme d'autres parties de mon corps.

Parce qu'ils le méritent. Parce qu'ils ont toujours été présents. Parce que sans Jean-François et Laurence, ma vie ne ressemblerait en rien à celle que j'ai la chance de connaître. Et parce que j'ai ici la possibilité de le dire, de le redire, Georges, Mireille, Jean-François, Laurence, Chiara, Livio : je vous aime.

#24

#UnPeuPlusDePolitique #Accessibilité

J'ai beau ne pas vouloir uniquement parler de handicap et me dire que, en tant que handicapé, je n'ai pas à évoquer uniquement des problèmes qui nous touchent (parce que, finalement, cela peut potentiellement être le problème de tout le monde demain), il y a tout de même des sujets (qui fâchent) incontournables. L'accessibilité en fait partie. Et cela dure depuis trop longtemps.

Légalement, tous les établissements publics sont tenus de pouvoir accueillir les personnes en situation de handicap. Et depuis la loi de 2005, cela doit aussi être le cas de tous les établissements pouvant accueillir du public. Restaurants, commerces, stades, etc. devaient, en 2015, s'être mis aux normes. Vous l'aurez deviné, on est encore très loin du compte. L'ignorance, la mauvaise foi, l'envie, peut-être, qui sait, de ne pas recevoir de public handicapé, le coût de la mise aux normes (de la présence de bandes sur les portes vitrées à des toilettes adaptées, en passant par une largeur de porte d'entrée suffisante) constituent autant d'excuses trouvées ici ou là pour arriver aujourd'hui à une situation où, concrètement, notre liberté de mouvement n'est pas assurée. Aujourd'hui, en France, une partie de ses citoyens n'est pas libre de se rendre où elle veut, quand elle veut, ce sont les faits. Dans le métro parisien, par exemple, seules 9 stations sont accessibles aux handicapés : 9 stations sur 303, je vous laisse calculer le pourcentage dérisoire que cela représente ! J'ai finalement assez peu voyagé et en Europe exclusivement – aux Pays-Bas et au Royaume-Uni, notamment. Dans ces deux pays, j'ai beaucoup apprécié les efforts en termes d'accessibilité et j'ai pu constater l'avance considérable qu'ils avaient sur notre pays. À Amsterdam, même les coffee shops sont accessibles, c'est pour dire !

Pourtant, les handicapés, de manière générale, sont de nature conciliante : la preuve ? Ils supportent depuis des années une situation injuste qui aurait rendu un « gilet jaune » hystérique en quelques semaines. Et je ne parle pas de l'épineux problème du logement où, toujours en théorie, les logements neufs devaient tous être adaptés à 100 % aux handicapés, avant que la dernière loi Elan ne ramène ce taux à 20 % seulement. La République *en marche* n'a jamais si bien porté son nom. Dans le fond, l'idée que 100 % des logements soient adaptables pour mes congénères me gênaient un peu, et j'étais un peu à contre-courant de l'opinion de la plupart des handicapés sur ce point, me semble-t-il : un valide aimerait-il vraiment disposer de services qu'ils n'utiliseraient pas, avec des toilettes surélevées et des barres de soutien dans le couloir ? D'un autre côté, pourquoi un handicapé aurait-il à subir des coûts d'adaptation que des travaux réalisés en amont éviteraient ? Vaste et complexe sujet. Si seulement nous pouvions passer par 100 % des portes, un grand pas serait déjà franchi ; il faut avoir vécu cette forme d'humiliation de ne pas pouvoir passer une simple porte. On se sent exclu, pas à sa place, et complètement gourde à attendre devant cette porte, en attendant de trouver une solution, quand solution il y a. Un sentiment pas très agréable, croyez-moi sur parole.

L'accessibilité, les toilettes pour handicapés, les portes, tout cela est la partie visible de l'iceberg car, en coulisses, nous autres handicapés avons à gérer un sujet très délicat, les démarches administratives. Pour faire équiper un véhicule, par exemple. Pour obtenir l'allocation adulte handicapé, avec une liste de justificatifs longue comme le bras d'un valide. Pour avoir droit à un fauteuil électrique. En plaisantant à moitié, je me dis parfois que le vrai luxe pour moi serait de m'offrir les services d'un secrétaire, rien que pour pouvoir déchiffrer les acronymes des organismes avec lesquels on doit traiter et organiser ma correspondance.

Et enfin, pour ceux qui en ont besoin, il y a l'injustice de devoir sortir de leur poche pour pouvoir s'offrir un fauteuil digne de ce nom, confortable et fonctionnel. Or, le plafond de remboursement de la sécurité sociale est bas (3 900 euros) comparé au prix d'un fauteuil. Tout le monde n'a pas eu la chance d'avoir des centaines d'internautes prêts à mettre la main à la poche pour pouvoir s'en offrir un, j'en suis bien conscient, et c'est profondément injuste.

Grâce à mon fauteuil électrique, je peux sortir seul sans problème. Je suis assez mobile finalement ! Dans la villa où je vis, dans la rue, je peux circuler tout à fait librement. Une à deux fois par semaine, je sors prendre l'air. Parfois avec mon propre véhicule (cœur sur toi, Vanessa Le Moigne), un utilitaire adapté afin que je puisse rentrer avec mon fauteuil par l'arrière du véhicule. Ce qui me permet de ne plus dépendre d'un dispendieux taxi et de gagner en autonomie, même si je dois toujours me faire conduire. Peu de temps après la livraison de ma voiture, je l'ai inaugurée en me rendant à Bastia, à quarante minutes de mon domicile. Le vieux port, les lumières du soleil azuréen sur la ville, les restaurants, et cette belle ambiance d'un samedi midi enfin accessibles. Car c'était la première fois que je m'y rendais, alors que je vis en Corse depuis cinq ans environ. Tout cela pour vous dire que la mobilité et l'accessibilité sont de vrais enjeux, qu'ils ne doivent plus être des freins pour nous.

Dans une ville comme Paris, je me sens à l'aise. La ville, à l'exception notable du métro, est plutôt bien adaptée pour un handicapé comme moi. Même si la recherche d'un hôtel est parfois compliquée, même si les taxis dédiés aux fauteuils ne sont pas assez nombreux, même s'il est parfois difficile de circuler sur les trottoirs avec la foule. J'avoue, je ne suis pas très objectif : en fait, je crois bien que le Marseillais que je suis doit bien l'admettre, j'aime beaucoup Paris. Professionnellement, pour moi, c'est « *The place to be* », là où je peux multiplier les contacts et les rencontres, croiser les ami(e)s, participer à une ou deux soirées, même si ce n'est vraiment pas ma tasse de thé. J'aime la diversité des profils, l'animation et la belle énergie qui se dégagent alors, et la qualité des échanges humains, concrets, réels avec des « vrais » gens, dans la continuité de nos échanges virtuels. L'idéal serait pour moi d'y passer une semaine par mois, mais pour des raisons logistiques, ce n'est pas imaginable.

À Paris, j'ai adoré le Louvre, où quelques-unes de ses œuvres sont immanquables, notamment les peintures. La Joconde, par exemple. Pas très original, je sais, avec cette manie qu'a Mona Lisa de ne pas vous quitter des yeux, une impression plutôt agréable d'ailleurs. Et les handicapés peuvent la voir de très près, voilà au moins un avantage assez rare pour être souligné ! Toujours au Louvre, j'aime aussi toutes les grandes œuvres et la Grèce Antique, notamment les statues, impressionnantes de réalisme : c'est probablement mon côté phocéen qui me sensibilise particulièrement à ces œuvres d'art.

Dans un tout autre registre (attention au grand écart culturel, mouillez-vous la nuque, ça va piquer), j'ai adoré me rendre à Disneyland Paris, un pur moment de divertissement et d'amusement. Avec unique point commun avec le Louvre d'offrir un accueil aux handicapés vraiment digne de ce nom.

#25

#Corsica

J'ai adopté la Corse il y a quatre ans, quand Jean-François et Laurence ont décidé de revenir vivre à l'année sur les lieux de vacances de leur enfance. Je les aurais suivis partout, c'est une évidence, mais la Corse, l'Île de Beauté, c'est la cerise sur le gâteau, et un bonheur pour le méridional que je suis. La Corse, c'est tout simplement magnifique : il suffit de s'habituer à la chaleur estivale, aux coups de vent de l'automne, à quelques averses printanières et au froid piquant de l'hiver des montagnes environnantes, et l'affaire est dans le sac. Aujourd'hui, hormis une tante et ses filles, ma famille est adoptive et corse. Je n'exagère pas beaucoup en disant que nous vivons dans un cadre exceptionnel. À quelques centaines de mètres de la grande bleue sur ma gauche, et les premiers contreforts des montagnes du Cap Corse sur ma droite. Les forêts de châtaigniers, les arbousiers, le myrte et les cistes donnent une saveur particulière aux petits chemins qui entourent la maison. Au loin, une ancienne tour génoise semble surveiller la marine, où une plage de sable blanc se serait posée là depuis toujours. Plus haut, un petit village vit tranquillement, sauf quand de terribles incendies, comme il y a deux ans, viennent en lécher les pentes. La Corse est merveilleuse, tout simplement.

Et puis, la Méditerranée, ses couleurs, sa tranquillité, sont particulièrement apaisantes. Même si je ne peux pas la voir tous les jours, je ressens pleinement la présence de la mer. Quel privilège de la savoir là, tout le temps. J'aime la regarder. La mer est magique car pleine de vie. Le vent qui balaie sa surface, les vagues qui se forment par gros temps, et au loin les pêcheurs qui remontent loups, rascasses et seiches : j'en redemande tous les jours, des spectacles comme celui-ci ! Au loin, la jolie présence des îles de Montecristo, Pianosa, Elbe, rappellent la proximité – géographique, culturelle, linguistique – avec le voisin italien.

La vision de la mer ouvre chez moi un océan de réflexions, notamment sur le sens de ma vie. Je ne suis pas tenté par une plongée, je ne m'imagine pas libre et sans entraves me baignant dans les eaux turquoise de ses rivages. Non, je ne fantasme pas là-dessus. Si le bruit des vagues apporte sérénité et apaisement (sauf à l'approche d'une horde de bruyants touristes allemands, très friands de mon coin), je demeure conscient de mon état. Et pas seulement parce que j'emprunte l'accès handicapé près de la plage, non. Parce que je ne peux me défaire de mon corps, je ne le sens que trop. Sa lourdeur, son absence totale de souplesse, son absence totale d'altérité. Je ne serai pas plus libre en faisant trempette une fois de temps en temps dans la mer, ce ne serait qu'une illusion. La liberté est ailleurs, elle se loge dans mon esprit. Oui, la seule chose de libre est mon esprit, engoncé dans l'armure de plomb qu'est mon corps.

La Corse sans les Corses, ce ne serait pas la même musique. J'ai trouvé chez eux une immense générosité, le respect de valeurs simples d'entraide, de bienveillance et de discrétion. J'aime le respect du Corse pour les individus, le respect des différences, et l'amour qu'il porte aux enfants, intouchables sur l'île,… et à la bonne charcuterie ! Le Corse est, à juste titre, amoureux et très fier de vivre sur son île, mais il aime aussi ceux qui savent l'apprécier et la respecter.

J'aime la Corse au point de la porter en tatouage sur mon bras, c'est ma maison désormais, et j'aimerais comme beaucoup d'autochtones un peu plus de considération pour ce coin de France un peu mésestimé, un peu abandonné aussi à l'occasion par nos gouvernants. La Corse et les Corses le méritent.

#26

#Humour

L'humour a été pour moi la porte d'entrée dans le monde. Est-ce que j'ai aiguisé mon sens de l'humour pour compenser mon incapacité physique à imiter Aldo Maccione ou à faire les pitreries de Jim Carrey ? Oui, peut-être. Mais surtout et avant tout, car j'ai toujours aimé parler et faire rire, tout simplement. Oh, je n'atteindrai jamais le niveau incroyable d'une Marina Foïs à *Burger Quiz* ou d'un Alain Chabat, le meilleur, le plus délirant, le *Greatest Of All Times* dans mon panthéon personnel des humoristes, mais j'ai assez vite compris les immenses vertus du rire : sa capacité à briser les barrières, à réunir, le temps d'un bon mot ou d'un gif, des personnes venues d'horizons les plus divers. Magique pouvoir du rire ! Et ça fait du bien, non, de se poiler de temps en temps ?! Un peu d'esprit, une bonne dose d'autodérision, sans vulgarité ni méchanceté gratuite, voilà qui n'a jamais causé du mal à personne.

Comme une majorité de Français, j'avais été effaré par les attentats commis sur les dessinateurs et humoristes de *Charlie Hebdo*, et stupéfait par le constat morbide que l'humour pouvait tuer : l'humour est justement un exutoire très utile dans nos sociétés, et on devrait pouvoir rire de tout avec n'importe qui. Ce n'est pas le cas, clairement. Personnellement, je m'abstiendrais de faire de l'humour sur un gay avec un homophobe, car je ne voudrais pas que ce que je prends pour de l'humour soit l'occasion pour lui de renforcer ses convictions haineuses.

On dit souvent que notre époque est plus propice à l'autocensure, moins libre que dans les années 1980 par exemple, quand Coluche, Thierry Le Luron ou Pierre Desproges, chacun dans leur style, faisaient rire la France. Je ne le pense pas : quand le talent est là, tout passe, un bon comique va justement trouver les mots, les attitudes pour nous faire rire, ensemble. Il faut juste rééduquer le public à se moquer de lui-même !

Pourtant, l'humour se partage très bien et c'est un véritable moyen de rassemblement. Par contre, je ne suis pas spécialement favorable à une forme d'humour communautaire qui a tendance à se développer. Devrais-je uniquement rire aux blagues de Guillaume Bats, un humoriste atteint de la « maladie de verre », sous prétexte qu'il est handicapé ? S'il est drôle, je rirai, sinon, je passerai mon chemin, comme je le fais avec n'importe quel humoriste. Non, les handicapés seuls ne peuvent pas rire de l'humour sur les handicapés, comme tel ou tel groupe ne devrait pas uniquement rire à l'humour de ses congénères.

Si les handicapés veulent aussi être pleinement acceptés, il faut qu'on soit capable de faire de l'humour sur nous, comme j'essaie de le faire moi-même au travers de quelques messages. Quand j'ai séché mon premier cours, mon mot d'excuse était : « *Mon taxi a crevé sur l'autoroute.* » On ne m'a pas cru, bizarrement ! On n'est pas intouchables. Si on veut l'égalité, il faut aussi en passer par là. L'humour est un superbe vecteur d'intégration, profitons-en !

#27

#Pokemon #Philousophie

J'ai coutume de dire que j'ai eu trois vies, trois étapes, plutôt trois évolutions, comme un Pokemon ! De ma naissance à mes 30 ans – où vous avez vu quelle fête c'était –, puis de 30 à 40 ans où beaucoup de choses ont changé dans ma vie, grâce notamment à des rencontres essentielles, et de 40 ans à maintenant, aujourd'hui, et j'espère le plus tard possible. Mais là, cela ne dépend pas entièrement de moi, malheureusement.

Moi qui suis uniquement croyant devant un match de foot de l'OM (le genre de prières quand on est menés à la mi-temps à Amiens ou Dijon), je ne vais pas vous parler de religion. Un petit peu si, tout de même, si on considère que croire en soi, en son étoile, en est une. Je pense qu'on est tous ici, sur cette bonne vieille Terre, pour y accomplir un dessein. Je pense en effet qu'on a tous un but dans la vie (même Kostas Mitroglou), qu'on le connaisse ou non, et que c'est la force du destin qui nous y contraint, qu'on le veuille ou non. Pas croyant pour un sou, mais plutôt à l'aise avec l'idée qu'il y a un je-ne-sais-quoi au-dessus de nous, appelez cela comme vous voulez, une bonne étoile, une force du genre de celle présente dans le corps des Jedi dans *La Guerre des étoiles* ; moi, j'appelle cela le destin.

Je suis souvent passé près de la mort, et à chaque fois j'y ai échappé. Ce n'est pas un hasard. En tout cas, je ne veux pas croire que c'est une simple coïncidence, que les dés ont simplement roulé dans le bon sens. N'y aurait-il pas quelque chose qui nous, qui me dépasse ?

Il y a la façon dont les évènements se déroulent, plus ou moins bien, et la façon dont je les perçois. Au fond, je ne suis absolument pas sûr d'avoir été destiné à vivre en fauteuil, mais je préfère me dire cela que passer mon temps à dire « pourquoi moi ? » tout le temps, à me morfondre sur mon cas personnel et à maugréer dans mon coin... Je mentirais si je dis que cela ne m'arrive pas, j'ai des hauts et des bas, comme tout le monde, mais je me soigne en me disant que « c'est ma vie, c'est comme ça, c'est écrit. Accepte-le ». Ce mode de pensée me permet de relativiser beaucoup de choses, d'accepter plus facilement mon statut et les lourdes contraintes du quotidien. Ces contraintes sont, par définition, immuables. Pourquoi m'acharnerais-je à vouloir les faire disparaître. J'ai accepté d'être celui que je suis, avec ses forces, ses faiblesses, ses coups de mou, son peps, sa dualité homme privé/homme public. C'est moi, Philippe, Philousports.

Si j'écris ce livre aujourd'hui, c'est aussi pour montrer que même avec le(s) pire(s) handicap(s), on peut néanmoins être heureux, se sentir bien dans ses pompes, et réaliser ses rêves. C'est une forme de philosophie que j'ai adoptée pour lutter contre le fatalisme, une « philousophie » qui me permet de regarder droit devant, de foncer, de vivre ma vie comme je l'entends. Le destin se provoque par ses propres choix, comme lorsque j'ai rencontré Julie, qui est devenue ensuite mon agent. Elle a changé ma vie, mais c'est arrivé par mon choix de travailler avec elle, ma volonté de faire bouger les lignes, d'aller vers l'inconnu. Un ami m'a dit que cette philosophie était proche de la définition que donnait Sartre de l'existentialisme : il va falloir que je le lise ! (Jamais de la vie, sérieux !)

Je suis prisonnier de mon corps mais pas de mon cerveau. J'ai envie de faire rire, j'ai envie que le regard sur le handicap change, j'ai envie de vivre à fond tous les moments, j'ai envie de partager par tous les moyens possibles tout le positif que peut nous apporter notre existence, et ce, sans aucune volonté narcissique de reconnaissance (même si ce n'est pas désagréable) : je le fais surtout parce que c'est ma conception de la vie, de ma vie et de mon rapide passage ici-bas.

#28

#PhilouTousLesJours

Mon quotidien a souvent eu pour cadre une chambre. Ma chambre d'enfant puis d'adolescent, où je me mettais à l'abri de regards parfois hostiles. C'était une chambre protectrice, une piaule « carapace de tortue ». Aujourd'hui, plus besoin de carapace, les protections sont dans ma tête, j'ai appris à vivre avec ce passé et j'ai développé une philousophie de vie qui me convient, où mon passé est digéré et mon regard, porté vers l'avenir.

La porte de ma chambre d'aujourd'hui est très souvent ouverte, c'est un lieu qui m'appartient, dans la collocation que je partage, mais qui n'est pas exclusif. C'est ici que je passe la plupart de mon temps : cela peut paraître un peu triste vu de l'extérieur, mais c'est un lieu où je me sens à mon aise, avec des murs blancs apaisants, quelques tonalités rouges pour égayer l'ensemble et une décoration simple. Nul besoin pour moi de la présence d'une table basse, d'un salon et d'un sofa, mon mobilier se résume à une bibliothèque et, surtout, un bureau et un lit. À portée de main, un frigo rempli de canettes et de boissons, mes télécommandes et mon clavier : avec ces trois éléments, je peux vivre en autarcie pendant quelque temps ! L'enfant de la télé que je suis dispose d'un bel écran accroché au mur, face au lit où, redressé et calé, je vais passer de nombreuses heures de la journée. Par réflexe, je l'allume le matin, sans idée du programme que je vais suivre, et ses programmes m'accompagnent tout au long de la journée.

Il y a finalement assez peu d'émissions que j'attends vraiment, je me laisse porter par le flot d'images, et les réactions des « *twittos* » sur mon écran. Il existe néanmoins de vrais « rendez-vous TV/Twitter » où on se retrouve tous, comme la famille dans le salon. Voilà encore un de ces étonnants paradoxes des réseaux sociaux que de pouvoir réunir des hommes et des femmes de tous horizons le temps d'une soirée Miss France (le seul vrai moment de communion « twiterrienne »), pour une cérémonie des César, les NRJ Music Awards ou le concours Eurovision, de pouvoir commenter, partager et bien sûr rire ensemble des prestations des uns ou des autres. Dérision, autodérision, humour, toujours ! Difficile de s'ennuyer avec ce genre de rendez-vous ! Ajouter à cela la pléthore de films, de séries, de documentaires que les chaînes mettent à notre disposition, je ne suis pas près de m'ennuyer. Personnellement, j'en veux toujours plus, même si je privilégie toujours la qualité d'un programme sur un autre. Enfin, les goûts et les couleurs… Pour le cinéma, par exemple, je suis plus *Seven* que *La vie d'Adèle* ; je vais adorer les films de divertissement à la *Star Wars*, ou des films plus originaux comme *Sept vies* avec Will Smith ou le mythique *Grand Bleu* de Luc Besson.

Ce qui est bien pratique pour moi, c'est que je peux avoir en quelques clics accès aux listes d'envies de mes *followers*, de leurs conseils, de leurs coups de cœur. L'occasion de découvrir une nouvelle fiction, ou d'avoir la confirmation ou non de sa qualité. Encore mieux que *Télérama* ou Allociné.com ! Mais bon, la vie, ce n'est pas que la télé.

Les journées d'un handicapé en fauteuil sont rythmées par des rituels immuables. Après un « lever » en douceur (oubliez tout de suite l'image du gars qui descend de son lit en pyjama et qui râle parce que ses chaussons ont disparu : mon « lever » se résume à ouvrir les yeux), vers 8 heures, ma petite séance de SMS matinaux, j'aime bien « comater » au lit, rêvasser un peu, et commencer si besoin à travailler ou à échanger *via* mon smartphone, toujours à portée de main. Vers 10 heures, c'est la première venue de l'infirmier : je mentirais si je dis que je saute de joie à l'idée de cette visite, qui se renouvellera d'ailleurs dans l'après-midi. Jeune handicapé, j'ai eu du mal au début à lâcher prise, à céder mon corps à une personne que l'on ne connaît pas, avec laquelle une relation doit se nouer, et dont c'est le métier de pénétrer mon intimité. Je vois deux infirmiers, en alternance une semaine sur l'autre, l'un plus sédentaire et l'autre plus nomade, puisqu'il m'accompagne dans les quelques déplacements que je peux faire de temps en temps (*big up*, Michel).

Pendant une heure, ils vont être mes bras, mes jambes, mes mains. Je vais leur laisser carte blanche pour me manipuler, faire ma toilette, procéder à quelques soins, m'habiller et discuter, naturellement. Avec ces hommes de santé, on est dans un rapport qui dépasse le cadre habituel patient-malade. Le personnel et l'intime sont mis de côté un instant. Il m'en a coûté, comme il en coûte beaucoup aux jeunes handicapés, de pouvoir accepter cette situation. Il faut un rapport de confiance optimal, sinon le binôme ne peut pas fonctionner dans de bonnes conditions, et la séparation est inévitable, comme dans un vrai couple ! J'ai toujours marché « à l'affect », comme on dit, concernant mes relations professionnelles ou amicales : celles que j'ai avec les infirmiers ne dérogent pas à la règle.

Ces soins, s'ils sont indispensables, posent la question du rapport que j'entretiens avec mon corps. Personnellement, je le considère comme une enveloppe matérielle, une coquille. J'ai d'abord dû accepter sa propre faiblesse, puis constater son inadaptabilité à son environnement pour finalement conclure à mon incapacité à gérer seul ce corps incomplet. Disons que j'y tiens, à ce corps, que je tâche de l'entretenir régulièrement, mais, pour moi, il n'est qu'un boulet. Je suis lucide, c'est tout. Mon corps ne fonctionne pas correctement, j'en ai pris acte. J'accepte entièrement ses lacunes, ses défauts, son inaptitude à fonctionner seul.

Il ne m'appartient pas. De ce fait, je n'ai aucune pudeur, ce qui facilite le travail de l'infirmier, et permet à ce passage obligé de se dérouler convenablement et sans gêne. Cela ne s'est pas fait en claquant des doigts, il faut l'accepter, mais on se fait à tout, surtout quand on n'a pas le choix !

Si j'ai mis de la distance entre mon corps et moi, je n'en ai pas moins abandonné l'idée de le rendre présentable. On peut être handicapé et avoir un peu de style, non ?

Mes tatouages sont là à cet effet, mais ils n'ont pas qu'un but esthétique. Ils sont présents aussi pour m'aider à me réapproprier quelque peu ce corps malmené. Symboliquement, en me faisant tatouer, je m'inscris dans le monde des vivants, valides ou non, ce que les brûlures sur ma peau lors des séances de tatouage me rappellent à chaque fois. Mais cette douleur, c'est moi qui la choisis, une sacrée différence avec celles qui me rendent certaines journées plus compliquées que d'autres. Tout mon bras gauche et l'avant-bras droit sont tatoués. Le premier tatouage que j'ai fait réaliser est le prénom de ma filleule, la fille de mes amis qui partagent ma vie en Corse. Plus récemment, j'ai fini mon tatouage de l'avant-bras. Une fresque très japonaise avec Goldorak, Olive (de la série *Captain Tsubasa*) et Sangoku. J'adore la culture japonaise, et quelques valeurs qu'elle transmet : la technologie, les geeks, cette nourriture originale et raffinée, et ce respect qui semble transpirer à tous les coins de rue. Les dessins animés de mon enfance m'ont permis de connaître, en douceur, à ma façon, *via* les écrans, ce pays. Car je ne sais pas si je pourrai un jour le visiter (les avions et moi, ça fait deux, voire deux et demi). Enfin, sur l'avant-bras est inscrite une phrase tirée d'un son de Chamillionaire, *Ridin* où le rappeur US scande *« They see me rollin' they hatin' »*. Je ne suis pas spécialement porté R'n'B et rap, mais ces paroles m'avaient marqué. *« Ils me voient rouler, ils ragent »*, pourrait-on traduire. Sauf qu'à la différence du chanteur, je ne conduis pas une grosse américaine rouge pétante, mais un fauteuil électrique qui peut filer à 10 kilomètres à l'heure en vitesse de pointe…

Au quotidien, je m'habille (enfin, « on m'habille » serait plus exact) à la cool, mais lorsque je sors, ou pour un évènement un peu spécial, je fais attention aux vêtements que je porte, au choix d'une casquette ou d'un béret, ou d'une paire de lunettes. Sur les photos de moi, je préfère être cadré au-dessus de la ceinture et avec un foulard pour masquer le tube me permettant de respirer. Vous qui préférez votre profil droit au gauche et qui refusez de vous faire prendre en photo tant que vos cheveux sont bien coiffés, vous me comprenez, n'est-ce-pas ?

Je ne suis pas dans une dépendance à 100 % vis-à-vis d'un infirmier ou d'un tiers pour l'ensemble des gestes du quotidien. Par exemple, pour les repas, je suis parfaitement autonome. La plupart du temps. Quand la viande n'est pas trop difficile à couper ou un légume particulièrement retors pour se jouer de mon habileté, toute relative d'ailleurs. Je n'ai besoin de personne pour m'alimenter ou me donner à boire. C'est important, car ce sont des gestes de base, des gestes qui couvrent des besoins essentiels que sont la soif, la faim : je suis heureux de les assurer seul. Je gère aussi mes prises de médicaments, parce que, je ne vous avais pas dit, je fais aussi un peu d'hypertension et j'ai un traitement à suivre. Une autre petite complication quotidienne : mon allergie au lactose. Fromage, dessert lacté, yaourt, crèmes, passez votre chemin, vous n'êtes pas adaptés à mon gosier. Là encore, j'ai pris l'habitude de faire sans. De ne pas me prendre la tête avec ces aliments, parfois savoureux, à retirer de mon alimentation. C'est un peu pénible à gérer, mais à quoi bon dépenser de l'énergie à râler à ce propos ? De toute façon, comme j'aimerais perdre un peu de poids, cela tombe plutôt bien. C'est ma manière de retirer toujours du positif, cette façon de penser, typiquement. Pour mon régime, je m'astreins en ce moment à me nourrir pour

1 200 calories par jour : c'est que j'aimerais bien un peu couler du visage, moi, pour être présentable lors de ma prochaine sortie au Vélodrome ou à Paris ! Ce visage est un peu ma vitrine, après tout.

J'aime mes journées, la façon dont elles s'animent, se structurent, j'adore la frénésie des week-ends et de ces heures passées à suivre matches de foot, de rugby, grands prix de F1 et shows TV en prime time, pour conclure. Je passe parfois une douzaine d'heures devant mes écrans, lunettes sur le nez, et parfois cela fait du bien de se mettre en pause. Prendre le temps de sortir, de s'aérer, de se connecter à la vraie vie. Comme tout bon Corse, je vais sortir davantage l'été que l'hiver, et la virée au restaurant voisin pour déguster des figatelli (de la saucisse fumée, une spécialité corse) va me donner la banane pour toute la journée. Surtout quand on est bien entourés, et qu'un peu de smirallu (sorte de peppermint corse) fait son apparition sur la table à la fin du repas ! Jamais de vin, de pastis ou de whisky. Je n'ai pas un amour fou pour l'alcool, dont j'ai vu plus jeune les effets les plus ravageurs.

Enfin, les soirées s'étirent doucement. Il est temps de couper les réseaux sociaux, de dire *« nenuit »* aux copains suiveurs. Jean-François n'est jamais bien loin pour m'aider à m'allonger. J'échange alors quelques SMS, et je ne m'endors que bien tard, pas avant 2 heures du matin. Je veux que mes journées soient longues, belles, pleines et actives. Tous les jours. Vivant.

#29

#Intime #OhLesFilles

Les relations, disons distendues, avec ma mère et ma sœur, ne m'ont pas fait détourner le regard des femmes. J'aime beaucoup leur simplicité, leur charme, leur écoute, leurs combats aussi.

J'aimerais partager, au quotidien, ma vie avec une femme. Avoir une oreille attentive, en être une aussi pour elle, partager nos craintes, nos doutes, nos espoirs, et vivre ensemble tracas et joies du quotidien. Parfois, un soupçon de frustration pointe quand j'y pense un peu trop. Même si je n'aime pas trop imaginer ma vie avec des « si », je ne peux m'empêcher de rêver à la possibilité d'une telle complicité. En soi, ce n'est pas l'absence de vie sexuelle qui m'insatisfait, c'est l'absence d'une complicité. Une amie, une amoureuse, pour parler, se parler, écouter et s'écouter. Si je le fais avec beaucoup de plaisir et sincérité *via* messageries et réseaux sociaux, rien ne remplace la force d'un regard, l'intensité d'un sourire, là, face à soi, pour soi.

Après, je suis assez réaliste. Ai-je un autre choix que de l'être, d'ailleurs ? De manière générale, à l'heure actuelle, un handicapé peut séduire, il peut éventuellement s'engager, avec un handicapé ou un valide. Couples handicapés, couples mixtes, couples homos/mixtes ou hétéros/handicapés, etc., tous les goûts sont dans la nature ! Des préjugés tenaces sont néanmoins présents : j'ai bien conscience qu'un handicapé comme moi ne fait pas forcément envie à une femme, c'est comme çà. Moi, je me suis fait une raison. Je sais qu'a priori je ferai ma vie seul. Accompagné d'une famille adoptive aimante, d'amis sincères et fidèles, mais fondamentalement seul, sans vie amoureuse ou sexuelle. Mais bon, quand je serai une star, je suis certain qu'il y aura bien une ou deux « michetos » à me tourner autour ! Je plaisante, car j'ai beaucoup de respect pour les femmes et cela me ferait mal de vivre avec quelqu'un qui viendrait plus pour le poids de mon portefeuille (pas si garni, mesdames, je préfère vous prévenir tout de suite) que pour mes innombrables, indiscutées et indéniables qualités humaines (mode séduction *On*).

Oh, j'ai bien pensé à m'inscrire sur quelques sites de rencontre, mais ce n'est pas trop mon truc. Et j'ai le droit de rêver à une « vraie » rencontre, une de celles où les regards ne mentent pas, et qui serait le prélude à une belle complicité bienveillante ; ce serait merveilleux. Je ne suis pas travaillé par l'aspect sexuel d'une telle relation, je préfèrerais même cent fois une magnifique amitié à une histoire d'amour médiocre et fade.

Certains handicapés font parfois appel à des assistants sexuels. Cette activité méconnue permet aux handicapés de bénéficier d'attentions affectives ou sexuelles, à leur demande. Légalement, cette activité est considérée comme de la prostitution, elle n'est évidemment absolument pas encadrée, même si une formation à cette activité existe, dispensée par une association très engagée sur le sujet. Personnellement, je ne suis pas favorable à l'assistance sexuelle aux handicapés. En fait, le débat ne porte pas sur notre vie sexuelle à nous autres handicapés, mais à celle de tout le monde. Pour moi, il se pose davantage en termes de légalisation de la prostitution pour tous, valides ou non. Pas uniquement pour les handicapés. Si nous voulons faire bouger les lignes, nous devons associer nos problématiques à celles de chacun, sur cette question comme les autres. Et ce sujet concerne l'ensemble des citoyens : cessons un instant l'hypocrisie à ma gauche, et les leçons de morale à ma droite. Je veux l'égalité de traitement devant la loi. Un choix clair pour tous, pas d'avantages ou de passe-droits par catégories, même en faveur des handicapés.

Dans ce cas, pourquoi ne pas proposer les assistants sexuels à d'autres groupes de population qui se jugeraient aussi légitimes que les handicapés pour bénéficier de tels services ? En faudrait-il aussi pour les moches, les timides ou les boutonneux ? N'auraient-ils pas droit à une vie sexuelle, eux aussi ? Je ne veux surtout pas porter de jugement de valeur sur les uns ou les autres, sur leur travail ou leurs envies. Après tout, les gens font ce qu'ils veulent en connaissance de cause, en fonction de leurs propres valeurs, de leurs problématiques personnelles aussi. Mais j'estime que cela dépasse le petit monde des handicapés : ou on légalise la prostitution pour tous de manière encadrée, ou alors on ne le fait pour personne.

Évidemment, mon rapport aux femmes ne s'arrête pas uniquement à ces considérations. En développant de solides amitiés avec certaines d'entre elles, j'ai appris à mieux connaître leurs causes, leurs combats, leurs difficultés à lutter contre les préjugés. Elles aussi méritent bien plus de considération que la société ne veut bien leur en accorder aujourd'hui. À ce titre, je défends le féminisme, je suis féministe.

Pour faire évoluer la cause des femmes, je pense que l'exemple doit venir du haut... puis le bas évoluera. Mettons des femmes aux responsabilités ! Combien de femmes dans les conseils d'administration, les assemblées élues, combien de femmes aux postes clés de décision politique et économique ? Il faut donner aux femmes les mêmes possibilités qu'aux hommes d'exprimer leurs qualités. Celles que je connais à la TV ont su saisir leur chance. Grâce à leur présence, leur charisme et leur extrême connaissance de leur sport, ou du sport, elles ont su percer et s'imposer dans un monde jusqu'alors réservé aux hommes. À cette différence, immense, que personne ne vient complimenter un journaliste homme comme on vient complimenter une journaliste femme, en commençant sa phrase par « Vous êtes joli » ! Je regrette profondément que le grand public puisse imaginer qu'elles sont là grâce à leur physique. Et les mentalités évoluent, de nouveaux patrons – comme Jérôme Linette (alors sur Canal) ou Jérôme Papin (Eurosport), avec qui j'ai pu échanger – ont pour unique critère le professionnalisme et l'expertise des journalistes.

Pourtant, toutes sont extrêmement compétentes, et je suis certain que cela a compté dans le choix qui s'est porté sur elles pour présenter telle ou telle émission. Isabelle Ithurburu a grandi dans le rugby, je ne connais pas d'autre journaliste plus légitime qu'elle sur le sujet. Anne-Laure Bonnet est une dingue de travail et de sport, une vraie machine ! Nathalie Iannetta a ouvert la voie du journalisme sportif féminin, avec un professionnalisme exceptionnel. Mary Patrux était une basketteuse de premier plan, elle est dingue de son sport, de tennis aussi. Je suis fier de les compter parmi mes amies et de pouvoir les voir présenter avec brio des émissions pointues sur leurs sports favoris, et d'échanger avec elles sur le sport : comme avec Cécile Grès pour parler rugby, Laurie Delhostal pour le foot, et Clémentine Sarlat pour l'athlétisme.

Je suis un féministe, oui. C'est peut-être un peu « provoc' », mais j'estime qu'il est du devoir de tous, hommes compris, de défendre la cause des femmes en 2019. J'aime les femmes pour leur façon d'aborder les problèmes, leur sens de la diplomatie, mais aussi leur résolution. Leur aptitude à prendre leur destin en main me parle beaucoup aussi, je me retrouve dans cette faculté qu'ont les femmes d'aujourd'hui à briser les barrières, à casser les codes, à s'imposer dans notre société encore très patriarcale et machiste. Ce sont des exemples à suivre pour tous. Parfois, cependant, je suis un peu désorienté par certaines méthodes. La secrétaire d'État chargée de l'Égalité entre les femmes et les hommes et de la Lutte contre les discriminations, Marlène

Schiappa, avait ainsi envoyé un tweet dénonçant le peu de présence de pères aux réunions parents/profs au collège de ses propres enfants. Je ne sais pas si ce genre de communication fait vraiment avancer le problème. Pour moi, on tape au mauvais endroit, et finalement cela dessert la cause. Si des femmes aiment s'investir dans ces réunions, à l'école ou ailleurs, pourquoi les en empêcher ? Qui suis-je pour juger du fonctionnement d'un couple si Madame assure ce rôle ? Je ne nie pas les difficultés des femmes au quotidien. Souvent, en plus d'un travail, elles doivent assumer plus que les hommes aujourd'hui à la maison, avec les enfants aussi. Mais plutôt que de faire des leçons de morale et de culpabiliser certaines mamans, ne faudrait-il pas prendre des décisions plus radicales, plus politiques, plus engagées ? En imposant une fois pour toutes l'égalité des salaires, pour tendre au maximum vers l'égalité dans le couple par exemple ? Je crois sincèrement que Madame Schiappa le souhaite aussi, et qu'elle ne dispose pas des marges de manœuvre pour y arriver, mais sa communication était à mon sens plus stigmatisante que constructive, et je trouve cela dommage.

Et si on avançait main dans la main plutôt ?

#30

#People

Un journaliste du *Monde* avait utilisé un mot assez juste pour parler de certains influenceurs, dont moi, dans un article paru dans le supplément *M* du week-end. Il parlait de « *microcélébrité* » nous concernant, en disant à juste titre que si nous étions populaires et appréciés par un nombre parfois important de fans, de *followers*, ou d'amis, notre renommée avait du mal à dépasser le cadre des réseaux sociaux, et que nous étions pour une grande partie de la population complètement invisibles. Selon lui, ces « *profils originaux* » (ça se voit qu'il ne m'a jamais vraiment vu de profil) avaient pu émerger grâce aux liens directs, et parfois très étroits, que nous tissions avec des dizaines de milliers de personnes en même temps. Son constat est tout à fait juste.

Ici ou là, on me reconnaît sous mes lunettes noires ou on vient me saluer gentiment, prendre des nouvelles, me passer un petit mot sympathique, ou poser avec moi. Tout cela ne me dérange pas. Moi qui ne suis personne, je suis même un peu flatté de ces marques d'attention. Quand on n'a comme moi pas vraiment été habitué à être au centre des attentions un peu plus jeune, on sait apprécier ces petits gestes. Je suis toujours étonné quand un sportif, surtout un que j'adore, me rencontre et me dit qu'il aime ce que je fais. Je ne me sens pas à la même hauteur (oui, OK, je suis assis, vous avez remarqué, vous aussi ?) : moi, je fais sourire, eux, ils accomplissent des exploits. Nous ne boxons pas dans la même catégorie, mais j'aime l'humilité qui se dégage des authentiques champions, elle m'inspire.

Pour cette raison, je ne compte pas me la jouer « people », même si de temps en temps on m'offre des cadeaux (un des curieux avantages de la « célébrité » : alors que beaucoup sont de plus en plus à l'aise financièrement avec le succès, les gratifications vont croissant, allez comprendre), comme, il y a quelques années, un superbe baby-foot, sympathique rappel de mes années lycée, quand le blocage en cassette et la gamelle n'avaient pas de secret pour moi.

Sans les réseaux sociaux, je n'aurais sans doute pas eu l'inattendue notoriété qui est la mienne aujourd'hui. Habituellement, les handicapés comme moi sont juste parqués sur un plateau de télévision une fois l'an à l'occasion du Téléthon. Alors je profite ! Oui, j'ai bien conscience de la bulle médiatique que constituent les réseaux sociaux. Ils sont un incroyable porte-voix : aujourd'hui, par ce biais, tout le monde peut s'exprimer sur le sujet qui lui sied, même directement avec l'intéressé s'il le souhaite. Difficile d'imaginer que tant de changements considérables dans ma vie ont eu lieu grâce à la magie d'un réseau social braillard, imparfait, mais qui a au moins le mérite de créer un lien incroyable entre des millions de personnes, célèbres, anonymes, curieux, sympas, moins sympas, voire franchement fatigants.

Quel drôle de réseau que Twitter, capable du meilleur comme du pire. J'ai personnellement connu plus de moments sympathiques que des moments désagréables. Twitter est un peu comme un enfant : si tu donnes de la bienveillance, tu en reçois beaucoup en échange. Ce qui n'empêche pas la présence de parasites qui se plaisent à passer leur temps à dénigrer, voire à insulter : ça, je ne peux plus. De là à quitter un réseau globalement bienveillant, il y a un pas (humour) que je ne franchirai pas. Je comprends en partie la désaffection de certains pour ce réseau, arguant de sa méchanceté. Ce n'est pas faux. Mais c'est un peu comme dans la vraie vie, non ? On aura toujours quelques cons sur notre chemin, alors pourquoi se focaliser sur eux alors que tant d'autres sont des personnes tout à fait convenables et raisonnables. Une fois que l'on est sur un tel réseau, il faut en accepter les règles, les avantages et les inconvénients. Pour ma part, je compte bien rester très disponible sur les réseaux sociaux. Il n'y a aucun calcul électoraliste ici, je suis juste lucide sur ce que je sais faire et sur la portée finalement toute relative de mes actes.

#31

#Philoufutur

Je suis un homme heureux. Au bilan « *globalement positif* » comme disait Georges Marchais en parlant de l'URSS dans les années 1980. Non pas que j'accorde trop d'importance à ce que j'ai réalisé jusqu'à présent – j'en suis fier, mais c'est déjà du passé, et tant d'autres font mieux, plus utile, plus important –, ni que je me contente de la (petite) renommée que j'ai sur les réseaux sociaux.

Je veux faire plus. Plus de rencontres, plus d'énergies positives, plus de bienveillance, plus de rires, voilà ce que je veux. Continuer à m'amuser sans me prendre au sérieux, découvrir d'autres univers, d'autres personnalités, sans tabous ni œillères. Aller vers les autres (s'il n'y a pas de marche), multiplier les expériences, bref vivre ma vie à 100 %.

Tout cela en faisant le bien autour de moi. Pas à la façon d'un prédicateur religieux, non, davantage à la manière d'un pacifiste zen, sans tambours ni trompettes, « à la cool ». Tout cela je le fais pour les autres, pour quelques causes qui me sont chères, mais aussi pour moi, pour profiter de ma vie. Il y a une part d'égoïsme, tout à fait assumé, dans ma démarche, je ne m'en cache pas. Nous vivons à une époque où chacun doit prendre en main son destin, faire des choix, dans une société plus individualiste que par le passé, j'en suis bien conscient, même si mon histoire est traversée d'intenses moments de solidarité, d'empathie et d'amour, où les valeurs humaines demeurent heureusement au-dessus de tout. On peut penser à soi, à son bien-être et rester résolument ouvert et attentif à notre environnement, nos proches. Les deux ne sont pas incompatibles !

Je ne suis surtout pas là pour prendre une revanche contre qui que ce soit, même contre ma mère à laquelle je pourrais en vouloir tant. Là encore, ne pas s'attarder sur le passé, toujours avancer, ce sont mes crédos, ma force. Ni haine, ni rancunes, jamais.

N'oublions pas d'être optimiste, de nous sentir irrémédiablement vivants. J'espère avoir pu montrer, notamment aux plus jeunes d'entre nous, qu'il y a toujours une solution pour être heureux même si, au départ, c'est loin d'être évident, et ce, que l'on soit handicapé ou non. S'extraire de son environnement, de sa condition, il faut y croire, ne rien lâcher, provoquer la chance et son destin. C'est la simple « morale » de mon histoire, et je mets ce mot entre guillemets car je ne veux pas me poser en donneur de leçons : ce qui est valable pour moi l'est aussi pour ceux qui pensent avoir trop d'obstacles devant eux pour avancer. Si on se donne les moyens, si on croit en soi, on peut atteindre les buts que l'on se fixe. Pas toujours facile, je ne le sais que trop bien.

Si tu es handicapé, tu peux te sentir ou être isolé, mal accompagné ou mal conseillé, et surtout tu peux te sentir victime de préjugés et de stéréotypes encore très vifs de nos jours. Ne lâche rien, nous sommes ensemble. Rendons-nous la vie belle.

Il est tard. Un peu trop tard même pour se coucher. La maison est calme, plus un bruit ne s'en échappe. Dans la campagne environnante, quelques chiens aboient, seuls perturbateurs sonores de mon si tranquille petit coin de Corse. À mes côtés, le ronronnement incessant et vital du moteur de mon appareil respiratoire continue sa mission de me maintenir en vie.

Avec l'aide de Jean-François, je me suis allongé sur le lit où j'ai passé une bonne partie de la journée. Je ferme les yeux. Le sommeil arrive doucement. Mes pensées sont toutes portées vers demain, que je suis certain de vivre comme si c'était la première journée du reste de ma vie, je songe à ces lendemains que je veux voir chanter, ces belles journées qui s'annoncent, pleines de vie, baignées de soleil (souvent), riches de ces petits moments qui en font tout le sel (et là je ne pense pas aux interventions de mon aide-soignant, non !).

Ou presque : je me demande un instant si j'aurais pu mieux faire, mieux me comporter, être une meilleure personne, aujourd'hui ; je vérifie mentalement que je n'ai blessé ou heurté quiconque ; je pense à mon prochain tatouage ; je réfléchis un instant à quelques échanges, amicaux ou professionnels, de la journée ; je ressens la douleur qui me fait mal, partout, comme d'habitude ; pendant un instant, je me dis que peut-être je ne me réveillerai pas demain ; et que personne n'est là, à mes côtés, pour que je puisse partager avec elle ces émotions ; puis, sans transition, je pense à mon régime alimentaire et je m'encourage à persévérer, à me dire que je tiens le bon bout, et je souris en me disant que je me paierais bien un bon restaurant pour fêter çà ; je me réalimente d'images positives avant de dormir, je pense à ceux que j'aime.

J'éteins mon smartphone. Check.
Je cligne des yeux. Check.
Je respire toujours. Check.
Je ferme les yeux. Check.

Direction Hachette Pratique : Catherine Saunier-Talec
Responsable éditorial : Stéphane Rosa
Édition : Séverine Corson-Schneider et Léa Delourme
Responsable artistique : Nicolas Beaujouan
Composition et mise en pages : Nord Compo (Villeneuve d'Ascq)
Conception couverture : Nicolas Gallois
Relecture et correction : Audrey Peuportier
Fabrication : Cécile Alexandre
Responsable communication : Johanna Rodrigue
Responsable partenariats : Sophie Morier (smorier@hachette-livre.fr)

Visuel de couverture : Nicolas Garguilo (« PoF »)

Dépôt légal : mars 2019
7432210/01
ISBN : 978-2-01-704695-0
Achevé d'imprimer en février 2019 par Grafica Veneta en Italie
www.hachette-pratique.com

Pour l'éditeur, le principe est d'utiliser des papiers composés de fibres naturelles, renouvelables, recyclables et fabriqués à partir de bois issus de forêts qui adoptent un système d'aménagement durable. En outre, l'éditeur attend de ses fournisseurs de papier qu'ils s'inscrivent dans une démarche de certification environnementale reconnue.

PAPIER À BASE DE FIBRES CERTIFIÉES

hachette s'engage pour l'environnement en réduisant l'empreinte carbone de ses livres. Celle de cet exemplaire est de : 373 g éq. CO_2
Rendez-vous sur www.hachette-durable.fr